Thomas Ebers / Markus Melchers

Wie kommen die Bäume in den Wald?

Praktisches Philosophieren mit Kindern

HERDER

FREIBURG · BASEL · WIEN

Gedruckt auf umweltfreundlichem,
chlorfrei gebleichten Papier
Umschlaggestaltung: Joseph Pölzelbauer, Freiburg
Umschlagfoto: Albert Josef Schmidt, Freiburg
Zeichnung S. 139: Harald Gerstaedt
Zeichnung S. 141: Ralf Godde
Alle Rechte vorbehalten – Printed in Germany
© Verlag Herder Freiburg im Breisgau 2001
www.herder.de
Satz: Barbara Herrmann, Freiburg
Druck und Bindung: fgb · freiburger graphische betriebe 2001
www.fgb.de
ISBN 3-451-27636-4

Inhaltsverzeichnis

Vorwort

Spätestens nach dem überraschenden Erfolg von Jostein Gaarders „Sofies Welt" scheint es verkaufsstrategisch gerechtfertigt, auf dem Buchrücken „Philosophie" und „Kinder" gemeinsam zu verwerten. War früher „Philosophie" ein Garant für Ladenhüter, gibt sie heute Anlass zur Verkaufshoffnung. Ist „Philosophieren mit Kindern" also nur ein Marketing-Gag?

Dieses Buch ist in der Überzeugung entstanden, dass „Philosophieren mit Kindern" weit mehr bedeutet. Denn dem „Philosophieren mit Kindern" fällt angesichts aktueller Problemlagen eine wichtige Aufgabe zu. Gegenwärtig werden gesellschaftliche Entwicklungen von einer wachsenden Anzahl von Menschen mehr und mehr als Verlust von Eindeutigkeit und Übersichtlichkeit empfunden. Fehlende Sicherheiten erschweren es, sich zu orientieren.

Vor dem Hintergrund dieser Entwicklung markiert der Untertitel „Praktisches Philosophieren mit Kindern" schon die Richtung unserer Überlegungen. Den Begriff „Praxis" verwenden wir hierbei in zwei Bedeutungen: *Zum einen* folgen wir einer Philosophischen Praxis, der es darum geht, philosophische Einsichten lebenspraktisch in den Alltag einzubinden. Dabei steht nicht das akademische, philosophiegeschichtliche Wissen im Mittelpunkt. Die Philosophische Praxis knüpft vielmehr an die konkrete Lebens- und Denksituation eines Menschen an. Der partnerschaftliche Umgang, wie er für die Philosophische Praxis charakteristisch ist, zeigt seine Stärke auch im Feld des Philosophierens mit Kindern. Dabei ist die Nachbarschaft von Philosophie und Kinderdenken leicht zu sehen. Sie muss nicht künstlich hergestellt werden. Denn beide, Kinder und Philosophen, erfragen die Welt. Es geht folglich nicht um eine Bevormundung der Kinder, sondern um das Ziel, das Philosophieren als selbstständige Tätigkeit in den Alltag der Kinder und Erwachsenen zu integrieren. Aus Kindern werden „Selbstdenker".

Mit dem Aufbau und Bewahren einer Fragekultur, die sich nicht mit der vermeintlichen „Ordnung der Dinge" zufrieden gibt, gelingt es, den Gang in die „selbstverschuldete Unmündigkeit" zumindest zu verzögern. Das so gewonnene Orientierungswissen erlaubt es den Kindern und späteren Erwachsenen, sich sicher in einer immer pluraler werdenden Gesellschaft zu bewegen. Die sich bietenden Handlungsspielräume können selbst-bewusst erobert werden.

Zum anderen heißt Philosophische Praxis für uns, dass wir uns in unseren Ausführungen auf die konkrete Umsetzung dieses Philosophierens im erzieherischen Alltag beziehen. Praktisches Philosophieren mit Kindern eröffnet so der gewohnten Praxis in Elternhaus, Kindergarten und Grundschule neue Sichtweisen auf die Welt, in der wir leben.

Allerdings dreht es sich auch im Folgenden nicht um dasjenige, das Philosophie sonst auszumachen scheint – das intensive Studium und Bearbeiten eines Textes. Hier handelt es sich nicht um die Fähigkeit, möglichst viele Bücher und Theorien großer Philosophen abzuspeichern und abzurufen. Denn nicht Philosophie, sondern Philosophieren ist erlernbar. Philosophie ist mehr als die Summe angelesenen Wissens. Stattdessen werden Kinder ohne großes Regelwerk ganz konkret und ohne theoretische Abschweifungen durch Zaubern, Spiele, Lieder und Geschichten

(Philosophicals) mit den Grundfragen des Philosophierens vertraut gemacht. Darüber hinaus werden Kinderfragen und -antworten auf ihren philosophischen Gehalt hin beleuchtet. Wie Kinder philosophieren, zeigen die Aufzeichnungen verschiedener Gruppengespräche. Diesen Bereichen ist der zweite Teil des Buches gewidmet.

Im ersten Teil des Buches gilt folgenden Fragen unsere besondere Aufmerksamkeit: Wie kann ich im alltäglichen Umgang mit Kindern das Philosophische an ihren Äußerungen erkennen? Wie kann ich dieses Philosophische darüber hinaus fördern? Wie verändert das Philosophieren mit Kindern die Erwachsenen? Und was ist das überhaupt für ein Wissen, das die Philosophie über die Welt bereithält? In kritischer Auseinandersetzung mit den wichtigsten Ansätzen zeitgenössischer Kinderphilosophen werden zentrale Elemente eines „Philosophierens mit Kindern" vorgestellt. Um sich nicht in Beliebigkeiten und Allgemeinplätze zu verlieren, ist ein Seitenblick auf die Ergebnisse anderer Disziplinen erforderlich. Wir wenden uns deshalb den historischen, entwicklungspsychologischen und soziologischen Erkenntnissen in ihrer Tragweite für die Kinderphilosophie zu.

Zugleich betrachten wir skeptisch die hohen Erwartungen, die mit dem Begriff Kinderphilosophie verbunden sind und durch überzogene Äußerungen einzelner Kinderphilosophen geweckt werden. Diese Erwartungen führen entweder zur Überforderung der Kinder (Kinder sind Philosophen!) oder zu Frustationen bei den Erwachsenen („Hilfe, mein Kind philosophiert nicht!"). Was „Praktisches Philosophieren mit Kindern", das sich den Zielsetzungen der Aufklärung verpflichtet weiß, ist, was es leisten kann und was nicht, wird in sieben Thesen pointiert zusammengefasst.

Dieses Buch wäre ohne Interesse und Unterstützung anderer nicht möglich gewesen. An erster Stelle danken wir Jutta Groll, die in einem für sie sehr schwierigen Lebensabschnitt immer wieder die Konzentration aufbrachte, die bei ihr eingegangenen Kapitel auf ihre Lesbarkeit hin zu prüfen.

Weiterhin haben die Autoren folgenden Personen für ihre Hilfe zu danken: Conny Brüssel, Friedhelm Ebers, Adalbert Jacobs, Helga Klinkhammer, Heike Kühn, Eva Müller-Groenewald und Michaela Fischer – ohne sie wäre das Autorenpaar nur die Hälfte wert.

I Wie die Philosophie zum Kinde kommt

1 Das Bild des Kindes

Wer sich mit Philosophieren mit Kindern beschäftigt, muss sich darüber im Klaren sein, worüber er spricht. Wird der Schwerpunkt zu sehr auf die Philosophie gelegt, besteht die Gefahr, über die Köpfe der Kinder hinweg zu reden, zu denken und zu handeln. Um dieser Gefahr zu entgehen, vergewissern wir uns zunächst, wovon wir sprechen, wenn wir über Kinder reden.

Es ist keineswegs selbstverständlich, sich eigens über Kindheit Gedanken zu machen: Das heutige Bild vom Kind ist historisch gewachsen. Dem gehen wir im zweiten Kapitel nach. Wir verfolgen in großen Schritten über die Jahrhunderte hinweg das Bild vom Kind bis ins 18. und 19. Jahrhundert hinein, in dem im Wesentlichen unser heutiges Verständnis vom Eigenwert und von der Eigenständigkeit der Kindheit grundgelegt wurde. Denn nur wenn Kinder als Subjekte wahrgenommen werden, kann von einem „Philosophieren mit Kindern" überhaupt gesprochen werden.

Erst auf dieser Basis konnte es gelingen, Kindheit auch entwicklungspsychologisch zu entdecken. Wir schildern den Blickwinkel, von dem aus Kinder die Welt wahrnehmen und erfahren (1.3). Damit verfolgen wir die Frage nach den entwicklungsbedingten Voraussetzungen, die Kinder zum „Philosophieren" befähigen.

Anschließend werfen wir einen Blick auf die Welt, in der Kinder heute leben. Hierbei greifen wir auf neuere Ergebnisse der soziologischen Forschung zurück. Diese beleuchten die Bedingungen, unter denen Kinder in der modernen Gesellschaft leben und aufwachsen. Es wird deutlich werden, dass das „Philosophieren mit Kindern" die angemessene Reaktion auf gesellschaftliche Entwicklungen darstellt.

Auf dieser Grundlage wird offenkundig, dass Philosophieren mit Kindern nicht im Wolkenkuckucksheim (Aristophanes) stattfindet. Und auch im Elfenbeinturm ist für das Philosophieren mit Kindern kein Zimmer frei.

Zunächst aber schauen wir uns an, was einige wichtige Philosophen darüber gedacht haben, ob Kinder schon philosophisch denken können oder nicht. Es ist keine erschöpfende philosophiehistorische Darstellung angestrebt. Und dennoch wird die Vielfalt und auch Widersprüchlichkeit der verschiedenen Ansätze deutlich.

1.1 KinderDenken – Philosophen über Kinder

Die beiden prägenden Gestalten des antiken Denkens, die weit bis in unsere Gegenwart hinein wirken, sind Platon und Aristoteles. Beide haben sich mit der Frage Kinder und Philosophie beschäftigt. Platon lehnt es ab, Kinder und Jugendliche zu früh mit Philosophie in Berührung kommen zu lassen. Dazu können wir folgendes lesen:

Denn ich glaube, es wird dir nicht entgangen sein, dass die Knäblein, wenn sie zuerst solche Reden kosten, damit umgehen, als wenn es ein Scherz wäre, indem sie sie immer zum Widerspruch lenken, und den nachahmen, der sie widerlegt, und ihre Freude daran haben, wie Hündlein alle, die ihnen nahe kommen, bei der Rede zu zerren und zu rupfen. (...) Wenn sie nun viel widerlegt haben und von vielen auch widerlegt worden sind, so geraten sie gar leicht dahin, nichts mehr von dem zu glauben, was sie früher glaubten, und dadurch kommen sie und alles, was die Philosophie betrifft, bei den übrigen in schlechten Ruf.[1]

Platons Schüler Aristoteles folgt in dieser Auffassung seinem Lehrer. Es ist richtig, die Jugend in Mathematik und Geometrie zu unterrichten, denn dort ist eine problemlose geistige Beschäftigung möglich. Aber für den Bereich der Ethik, des Nachdenkens über ein gelingendes Leben gilt anderes – hier gehört die Lebenserfahrung dazu.

> *Ein junger Mensch aber hat keine Erfahrung – denn nur ein langer Zeitraum kann Erfahrung schaffen. Und in der Tat kann man die Frage auch so stellen: warum kann ein junger Mensch zwar ein Mathematiker, nicht aber ein Philosoph oder Naturwissenschaftler werden? Ist der Grund nicht der, daß die Gegenstände der Mathematik abstrakt sind, während man den Ausgangspunkten der Philosophie und Naturerkenntnis durch Erfahrung näher kommt, und daß junge Leute von den letztgenannten Gegenständen keine feste Ansicht haben können, sondern nur so davon sprechen, während ihnen mathematische Wahrheiten ohne weiteres einleuchten?*[2]

Ganz anders als Platon und Aristoteles urteilt Montaigne fast zwei Jahrtausende später. Er vertritt vehement die Auffassung, den Kindern schon früh das Philosophieren nahe zu bringen. Im Mittelpunkt seiner Philosophie steht nicht das Entwerfen abstrakter Theorien. Montaigne sieht Philosophie vielmehr als „Lebenskunst", die ihre Qualität in einem glücklichen Leben des einzelnen zeigt. Folgerichtig schreibt Montaigne:

> *Man begeht jedoch ein großes Unrecht, wenn man sie [die Philosophie] den jungen Menschen als unzugänglich hinstellt und ihr ein verkniffnes, finsteres und furchterregendes Gesicht anmalt. (…) Da es also die Philosophie ist, die uns zu leben lehrt und folglich wie jedem anderen Alter auch der Jugend etwas zu sagen hat – warum macht man sie dann nicht mit ihr be-*

kannt? (…) Fort mit all dem Abwegigen, fort mit all den vertrackten Spitzfindigkeiten der Dialektik, die unser Leben doch nicht zu bessern vermögen! Nehmt statt dessen die einfachen Sätze der Philosophie und lernt, sie sinnvoll auszuwählen und den rechten Gebrauch davon zu machen: Sie sind leichter zu verstehen als eine Erzählung des Boccaccio! Der kleinste Knabe schon schafft das, sobald er entwöhnt ist, weitaus besser, als lesen und schreiben zu lernen. Die Philosophie hält für jeden Menschen ihre Lehren bereit, vom Kindesalter bis zum Wiederkindischwerden.[3]

Die Positionen von Platon und Aristoteles auf der einen Seite und Montaigne auf der anderen Seite sind durch Einseitigkeiten gekennzeichnet. Im Gegensatz dazu bemüht sich John Locke um eine ausgewogene Betrachtungsweise. Auf der einen Seite schreibt er:

Der Geist der Kinder ist eng und schwach und kann in der Regel nur einen Gedanken auf einmal fassen. Was sich im Kopf eines Kindes befindet, füllt ihn zunächst aus, vor allem, wenn es mit irgendeiner Leidenschaft beladen ist.[4]

An anderer Stelle in gleicher Absicht:

(…) Unter Lebensklugheit verstehe ich, entsprechend dem volkstümlichen Sprachgebrauch, die Fähigkeit eines Mannes, seine Geschäfte in dieser Welt geschickt und mit Umsicht zu führen. Sie ist das Ergebnis einer guten natürlichen Veranlagung, der Anstrengung des Geistes und zugleich der Erfahrung und übersteigt den Horizont von Kindern".[5]

Auf der anderen Seite findet sich doch auch diese Passage in seinem Werk:

Man wird sich vielleicht darüber wundern, daß ich von vernünf-
tigem Gespräch mit Kindern rede; und doch kann ich nicht um-
hin, dies als die rechte Art des Umgangs mit ihnen anzusehen.
Sie verstehen es so früh, wie sie die Sprache verstehen; und
wenn ich recht sehe, wollen sie gern als vernunftbegabte Wesen
behandelt werden, und zwar früher, als man denkt. Es ist dies
ein Stolz, den man in ihnen nähren und soweit es geht, zum
wichtigsten Werkzeug ihrer Bildung machen sollte.[6]

In sein Denken zur Philosophiefähigkeit der Kinder bezieht
John Locke auch die Erwachsenen mit ein:

Die spontanen und einfältigen Einfälle fragelustiger Kinder
bringen oft Dinge ans Licht, die einem nachdenkenden Mann
zu denken geben können. Und ich meine, man kann häufig
mehr aus den unerwarteten Fragen eines Kindes lernen als aus
Gesprächen mit Männern, die drauflosreden nach Begriffen, die
sie geborgt haben, und nach den Vorurteilen ihrer Erzieher.[7]

Immanuel Kant hat sich nur sporadisch über den Zusammenhang von Kind und Philosophie geäussert; und dann meistens
im Zusammenhang mit pädagogischen Fragen, die ihrer Zeit
verhaftet sind. Kants Bemühungen liegen im Wesentlichen in
der Systematisierung der wichtigsten philosophischen Fragestellungen und deren neuer Beantwortung, wie er sie beispielsweise
im Rahmen seiner drei berühmten Kritiken (Kritik der reinen
Vernunft, Kritik der praktischen Vernunft, Kritik der Urteilskraft) vornimmt. Wichtig für die Kinder ist es, das Selbstdenken
zu erlernen; damit bleibt das Kind nicht länger Objekt der Erwachsenen, sondern wird zum Subjekt der Erziehung: Selbstdenken …

heißt den obersten Probirstein der Wahrheit in sich selbst (d. i. in seiner eigenen Vernunft) suchen; und die Maxime, jederzeit selbst zu denken, ist die Aufklärung. Dazu gehört nun eben so viel nicht (…). Diese Probe kann ein jeder mit sich selbst anstellen (…). Aufklärung in einzelnen Subjecten durch Erziehung zu gründen, ist also gar leicht; man muß nur früh anfangen, die jungen Köpfe zu dieser Reflexion zu gewöhnen.[8]

Im zwanzigsten Jahrhundert werden die von Kants Philosophie geprägten Denker Paul Natorp und Richard Hönigswald die Pädagogik als „konkrete Philosophie" bewerten. Einen weiteren Anstoß hierzu liefert Ernst Bloch in seiner kleinen Geschichte „Das rote Fenster"[9]. Ernst Bloch erinnert sich daran, wie er als Kind ein Gemälde betrachtete. Die Wertschätzung der Fähigkeit eines Kindes, philosophisch denken zu können, ist überdeutlich:

Unter dem Bild stand „Mondlandschaft", und ich glaubte zuerst, das sei eine Landschaft auf dem Mond, ein sehr großes Stück Chinarinde gleichsam; aber ich hatte eine durchdringende Erschütterung dabei, die ganz unaussprechlich war, und habe das rote Fenster nie vergessen. Wahrscheinlich wird jedem einmal, irgendwann und dann wieder an anderem so zumut, ob es nun Worte oder Bilder sind, die ihn treffen. Der Mensch fängt früh damit an, hörte er nicht ebenso früh damit auf, so wäre ihm das Bild wichtiger als er selbst, ja sein ganzes Leben.[10]

Dass solche Einsichten nicht immer den Alltag eines Theoretikers prägen, belegt folgende Anekdote: Während der Arbeit an seinem Hauptwerk „Das Prinzip Hoffnung" wird Ernst Bloch von seinem damals fünfjährigen Sohn gefragt: Spielst Du mit mir? Bloch antwortet: Ich habe keine Zeit! Was ist Zeit, setzt der Sohn nach. Frage doch deine Mutter, antwortet der große

Philosoph. Doch der Sohn gab sich die Antwort selbst: Die Zeit ist eine Uhr ohne Zeiger.

Für den Philosophen Theodor W. Adorno, der die Gefahr einer Vernunft beschreibt, die sich allmächtig wähnt und sich nur noch dem Prinzip der Machbarkeit und der Macht verschrieben hat, stellen Kinder dasjenige Potential dar, das an die Anfänge des Denkens führt. Nämlich, zu staunen und sich nicht mit dem Gegebenen „abzufinden".

In der Rückblende wird klar, dass die Philosophen, je nach eigenem Denkansatz, die Fähigkeit der Kinder zu philosophischem Denken entweder verneinen (Platon, Aristoteles) oder für problematisch halten (Locke, Kant) oder als notwendig beschreiben (Montaigne, Bloch, Adorno).

Ein anderer Weg, sich Kindern und der Kindheit zu nähern ist die historische Betrachtungsweise. Um sie geht es im nächsten Kapitel. Es wird sich zeigen, dass auch hier Philosophen eine wichtige Rolle spielen.

1.2 Die Entdeckung der Kindheit

Kinder hat es immer gegeben. Die Kindheit aber musste entdeckt und erfunden werden. Unter Kindheit verstehen wir den grundsätzlichen Unterschied zwischen Erwachsenen und Kindern. Ein Unterschied, der sich nicht allein auf das Lebensalter bezieht, sondern zugleich den fundamentalen Abstand zwischen Lebensäußerungen und Denkweisen benennt. Dieser Abstand wird von uns nicht nur gesehen, sondern im alltäglichen Umgang mit Kindern selbstverständlich berücksichtigt. Dies war nicht immer so.

In der Antike werden nur die Kinder der freien Bürger als Erbfolger und potentiell freie Wesen betrachtet. Eingeschränkt in seiner Entscheidungsfähigkeit besteht die „Tugend" des Kindes darin, dem reifen Mann zu gehorchen. Vereinzelte Funde sorgsam angelegter Kindergräber oder künstlerisch gelungene Darstellungen von Kindern aus Griechenland bezeugen die große Liebe der Eltern. Im römischen Erdkreis wird diese Form der elterlichen Zuwendung in den folgenden Jahrhunderten verschwinden. Nährmütter übernehmen dort die erste Obhut. Erst im 18. Jahrhundert wird die Liebe zu den Kindern wieder gelebt und lebbar.

Im Unterschied zu den freien Kindern werden die Nachkommen der Sklaven als Arbeitskräfte betrachtet. Der Kinderhandel ist erlaubt. Zum Alltag gehören zugelassene frühe Kindstötungen zumindest bis zur Ausbreitung der Morallehre der Stoa.

Die Eigenwertigkeit der Kindheit als selbstständigem Lebensabschnitt wird auch von den führenden Philosophen dieser Zeit nicht erkannt. Selbst dann, wenn sie lange über Erziehung nachdenken und schreiben, bleibt das Kind doch immer nur Objekt der pädagogisch-philosophischen Anstrengung.

Auch die einflussreiche philosophische Denkschule, die den Übergang von der griechischen zur römischen Welt und darüber hinaus entscheidend mitprägt, entdeckt während ihres langen Bestehens die Kindheit nicht. Die Rede ist von der Stoa (ca. 300 v. Chr. – ca. 200 n. Chr.). Benannt wird diese Denkschule nach dem Ort ihres Philosophierens: der „bunten Halle" (stoá poikelé) in Athen. Die stoischen Philosophen betonen den Vorrang der inneren (moralischen) Haltung des Menschen vor der Außenwelt mit ihren Zumutungen. Diese Eigenwertigkeit der inneren Erlebens und Denkens des Menschen wird aber nicht auf das Kind „übertragen". Kinder müssen in „Form gebracht" und schnell erwachsen werden. Nur so sind sie nützliche Mitglieder der Gesellschaft. Werden unter den Stoikern auch vereinzelte Stimmen laut, die die Besonderheit der Eltern-Kind-Beziehung hervorheben, so sehen die meisten von ihnen im Kind allein den Sinn der Ehe. Dies gilt allerdings nicht für alle Kinder. Die schwachen und kränklichen Kinder werden ausgestoßen.

Im Großen und Ganzen gelten diese Ansichten für Rom und Griechenland gleichermaßen. Die Bedürfnisse der Kinder werden von den Erwachsenen reglementiert. Der Umgang miteinander ist förmlich. In Rom z. B. spricht das Kind den Vater immer mit „Herr" an. Für diese Zeitspanne können wir „von einer Vorstellungswelt, die keine Kindheit kennt"[11] sprechen.

Im Mittelalter finden sich solche Ansichten und Verhaltensweisen im Zusammenleben von Erwachsenen und Kindern nicht mehr. Jetzt leben die Kinder, kaum dass sie sich allein fortbewegen und verständlich machen können, in der Welt der Erwachsenen. Die Lebenswelt der Erwachsenen ist die Lebenswelt der Kinder. Beinahe jede Lebensäußerung der Erwachsenen findet ihre Entsprechung bei den Kindern. Kinder sind „kleine Erwachsene". Sie tragen die gleiche Kleidung wie die Erwachsenen; sie spielen die gleichen Spiele. Kinder gehen der gleichen Arbeit nach wie die Erwachsenen. Es gibt keine von den Erwachsenen getrennte kindliche Lebenswelt.

In der philosophisch-geistigen Betrachtung des Kindes konkurrieren im christianisierten Mittelalter im Wesentlichen zwei Modelle. Auf der einen Seite steht die Rede Jesu von der Unschuld der Kinder im Mittelpunkt. Riet er nicht den Erwachsenen, so zu werden wie die Kinder?

Auf der anderen Seite steht die Lehre des Augustinus (354 – 430), die besagt, dass es genau diese Unschuld nicht gibt. Der junge Mensch ist unwissend. Der junge Mensch ist beherrscht von seinen Leidenschaften. Der junge Mensch ist zügellos und launenhaft. Augustinus formuliert sogar:

Ist doch niemand vor dir (Gott) vor Sünde rein, auch kein Kindlein, das nicht älter ist als einen Tag. Wer zeigt sie mir? (…) Wie also sündigte ich damals? Dadurch etwa, dass ich mit Geschrei nach der Mutterbrust verlangte? Würde ich jetzt zwar nicht nach Säuglingskost, sondern nach der meinem Alter zustehenden Speise dermaßen verlangen, würde man mich mit Fug und Recht verspotten und schelten. Tadelnswert also war, was ich damals tat, aber weil ich den Tadel noch nicht verstehen konnte, verboten es Sitte und Vernunft, mich zu schelten.[12]

Augustinus hat – wie seine Zeitgenossen – kein Wissen von der Eigenart des Kindseins und auch kein Gefühl dafür. Umstandslos setzt er Kindheit und Erwachsensein in eins. Der Unvollkommenheit des Kindes entgegengesetzt ist die Vollkommenheit, nach welcher der christliche Erwachsene streben soll. Zur Erlösung gelangt der Mensch nur, wenn er sich aus dem verderbten und sündigen Zustand befreit. Und ist es nicht so, dass der gläubige Christenmensch die Unvollkommenheit fürchten muss? Ist sie doch ein Zeichen von Gottferne, Unvernunft und Sündhaftigkeit. Und ist nicht das Kind sündhaft und zur eigenen Erlösungsfähigkeit unfähig? Und muss ein Christ nicht deswegen das Kind fürchten, weil es der Versuchung näher steht?

Die Schlussfolgerung daraus ist so klar wie furchtbar: Die Kindheit muss bekämpft werden. In Augustinus Lehre ist die Angst vor dem „unvollkommenen" Kind deutlich zu spüren. Für die strenge Erziehungspraxis bis ins 17. Jahrhundert hinein bleibt diese Angst bestimmend. Waren doch die meisten Erzieher Magister der Theologie.

Noch bei einem der Gründungsväter des modernen Denkens, bei René Descartes (1596–1650), ist das Kind ein Grund für das Erschrecken. Dieser besteht allerdings nicht in der vermeintlichen Verderbtheit des Kindes. Vielmehr ist es die Tatsache, dass der Mensch überhaupt erst Kind ist, bevor er zum Erwachsenen wird, die Descartes entsetzt. Das Fehlen der Vernunft, die Abwesenheit der nachdenkenden Selbstkontrolle und der Mangel an vernünftiger Selbstlenkung machen den

kindlichen Zustand aus. Und weil es sich nach Descartes so ver-
hält, ist es dem erwachsenen Menschen fast unmöglich, zur vernünftigen Selbstbesinnung zu gelangen. In seiner „Abhandlung
über die Methode des richtigen Vernunftgebrauchs" formuliert
er unmissverständlich:

> *Und weil wir alle Kinder waren, ehe wir Männer wurden, und
> lange Zeit hindurch von unseren Trieben und Lehrern gelenkt
> werden mußten, die oft miteinander im Widerstreit waren
> und die beide uns vielleicht nicht immer das Beste rieten, so
> dachte ich weiter, daß unsere Urteile fast unmöglich so rein
> und so fest seien, wie sie gewesen sein würden, wenn wir vom
> Augenblick unserer Geburt an den vollen Gebrauch unserer
> Vernunft gehabt hätten und stets nur durch sie geleitet worden
> wären.*[13]

Jenseits solchen Entsetzens wird das Kind in der sozialen Wirklichkeit der gehobenen Schichten oft als lästig empfunden, be-
ansprucht es doch Aufmerksamkeit und verursacht zusätzliche
Arbeit. Darüber hinaus, und das ist kein Nebenaspekt, entzieht
die Existenz des Kindes dem Mann die Frau. Wer es sich leisten
kann, engagiert Ammen und „Kindermädchen". Manchmal
muss das Spielzeug die menschliche Zuwendung ersetzen.

Im Volksglauben jener Zeit hinterlassen solche Erwägungen
und Handlungen mangels Umsetzungsmöglichkeiten selten
Spuren. Der Umgang mit dem Kind in ländlichen, weniger ge-
bildeten Schichten folgt anderen „Gesetzen". Hier gelten die
unhinterfragten Traditionen. Kinder verfügen über einen besonderen, nur ihnen vorbehaltenen Zugang zur Welt. Je nachdem, wie mit Kindern umgegangen wird, entwickeln sie positive
Fähigkeiten. So gelten Kinder als Glücksbringer. Sie verfügen
über bestimmte Heilkräfte. Man soll über Kinder nicht spotten –
bei Zuwiderhandlung wird man von den eigenen Kindern ver-

spottet; gegebene Versprechen müssen auch Kindern gegenüber gehalten werden (sonst fallen Kinder leicht). Aber nicht nur für den „moralischen Umgang" mit Kindern werden Regeln erfunden, auch die Intelligenz des Kindes bedarf der besonderen Förderung. Und damit kann nicht früh genug begonnen werden. Schon in der Antike wurde das Neugeborene an den Füßen hochgehoben – der Verstand muss geschüttelt werden. Einem Kind legt man ein Buch oder anderes Geschriebenes unter das Kopfkissen, damit es klug wird und gut lernt.[14]

> Die positive Sicht des Volksglaubens auf das Kind hält bis heute, zuweilen verdeckt, manchmal offen an. Der vermeintlich unverbildete und klarere Umgang des Kindes mit der Welt kommt bis heute in Sprichwörtern wie „Kindermund tut Wahrheit kund" zur Geltung. Auch sind bei einigen Autoren, die sich mit „Kinderphilosophie" beschäftigen, ähnliche Spuren volksreligiöser Annahmen nachzuweisen.

Die Familie des monarchisch geprägten 17. Jahrhunderts hat noch nicht die moderne Form, mit dem Kind in ihrer Mitte, gefunden. Die allmähliche Veränderung der Sichtweise aufs Kind beginnt im 18. Jahrhundert.[15] Erst mit dem verändernden Wirken der Philosophie der Aufklärung auf die entstehende bürgerliche Gesellschaft konnte Kindheit entdeckt werden! Zeigt sich doch in diesem Denken die Verschränkung dreier Prinzipien, die bis in unsere Gegenwart hinein Geltung beanspruchen: die Gleichberechtigung der Geschlechter, der Eigenwert des Individuums und der Anspruch auf die freie politische Tätigkeit des Bürgers. Jetzt erscheinen Bücher, in denen die Mütter aufgefordert werden, ihre Kinder zu lieben.[16]

Jetzt kann auch über die Kinder neu nachgedacht werden. Die Angst des Augustinus, das Erschrecken Descartes' haben ein Ende.

Es ist der Philosoph Jean-Jacques Rousseau (1712–1778), der die Zeitströmungen zusammenfasst und einen wirklichen Neubeginn formuliert. Im Jahre 1762 veröffentlicht er zwei Schriften: ein staatsphilosophisches Werk („Vom Gesellschaftsvertrag") und einen erziehungsphilosophischen Roman („Emile oder Über die Erziehung"[17]). Die politische Lehre Rousseaus hat die Gleichheit aller Bürger vor dem Gesetz, die Freiheit aller Menschen und die Übereinstimmung des Menschen mit sich selbst zum Ziel. Von dieser Position ausgehend, muss auch der Umgang mit dem Kind geändert werden. Das alte Denken über das Kind soll verabschiedet werden. Für die neue Zeit und das neue Denken taugt es nicht mehr.

Rousseau entwirft in seinem Roman „Emile" ein neues Konzept der Erziehung. Geprägt ist dieses Konzept von der Einsicht, dass die Eigenart der kindlichen Psyche zu berücksichtigen, zu erforschen und zu verstehen ist. Damit ist „Kindheit" erstmals als eigenständige Daseinsform akzeptiert. Ganz praktisch unterscheidet Rousseau die verschiedenen Aspekte des Kindseins, seine Altersstufen und die daraus resultierenden veränderten Handlungen.

Die Erziehung ist eine auf Alters- und Entwicklungsstufen abgestimmte Vermittlung von Weltwissen. Die religiös-philosophische Ausbildung bildet den Abschluss. Der Mensch ist bereit, gesellschaftlich zu werden. Bis in unsere Tage hinein wird auf Rousseau und seine Vorstellungen zurückgegriffen. Auch das vor Ihnen liegende Buch sähe ohne Rousseau und sein Denken anders aus.

Die Entdeckung der Kindheit ist eine philosophische.
Die Kinderphilosophie ist ein Kind der Philosophie der Aufklärung.

Dreiundzwanzig Jahre nach der Veröffentlichung des „Emile" erscheint in Deutschland der erste Band des „Anton Reiser". Bis 1790 werden drei weitere folgen. Der Autor ist Karl Philipp Moritz (1756–1793), der zwischen 1783 und 1793 ein zehnbändiges „Magazin zur Erfahrungsseelenkunde"(!) herausgab. In seinem Werk mit dem Untertitel „Ein psychologischer Roman" schildert Moritz ausdrücklich seine Kindheit und Jugend.

Die Verkennung der Eigenständigkeit der Kindheit – bei Rousseau die negative Folie seiner Philosophie – wird jetzt subjektiv, in ihren negativen Folgen vor Augen geführt. Dieser innere Blick, der die Zeit des Kindseins aus der Eigenperspektive analysiert, markiert die literarische Erfindung der Kindheit. Eine Erfindung, die ohne das Vordenken der Philosophen und Pädagogen der Aufklärung, die auf Rousseau folgen, unvorstellbar scheint. Eine Erfindung aber auch, die ihrerseits einen Großteil der Weltliteratur prägt und so bis heute unser Denken beeinflusst.

Der „Anton Reiser"[18] ist eine einzige Anklage gegen eine Erziehungswelt, die weder Zärtlichkeit und Liebe noch Freundlichkeit für das Kind kennt. Die einzige Chance, die Anton sieht, dieser Welt zu entfliehen, ihr zu entwachsen, ist die Bildung. Früh schon lernt er lesen, „studiert" die Bibel, liest die Bücher der Erwachsenen. Er entdeckt die Welt der Romane, die der Vater noch verbot. Im Alter von sechzehn entdeckt er die wissenschaftliche und philosophische Literatur. Jetzt fügt sich sein Erkennen der Welt zu einem Ganzen. Anton Reiser schmeckt „die Wonne des Denkens". Shakespeare, der in dieser Phase für ihn wichtigste Autor, ist allein nicht zu lesen. Anton sucht die Gesellschaft der Mitschüler. Das theatralische Nachspielen reicht ihm bald nicht mehr. Er schreibt selbst, hat auch Erfolg. Anton zieht es aber vor, als gebildeter Schauspieler durch das Land zu wandern. Seine Kindheit ist zu Ende. Zuletzt übt Anton den Beruf eines Erziehers aus.

Bei der Entdeckung der Kindheit kommt Karl Philipp Moritz der gleiche Stellenwert wie Rousseau zu. Unser heutiger psychologischer Blick auf die Kindheit, unsere Fähigkeit zur Selbstbeobachtung, die Fähigkeit, sich in Kinder hineinzudenken, geht ganz wesentlich auf Karl Philipp Moritz und sein Werk zurück. Praktisch ist dies mit seinem „ABC-Buch"[19] auszuprobieren.

1.3 Der Blickwinkel des Kindes

Der Blick zurück zeigt, dass Kindheit entdeckt, vielleicht auch erfunden werden musste. Dies bedeutet auch, dass der Gedanke an eine Entwicklung des Menschen vom Kind zum Jugendlichen und Erwachsenen nicht immer selbstverständlich war. Erst mit Rousseaus Roman „Emile" fand der Entwicklungsgedanke Mitte des 18. Jahrhunderts Verbreitung und beeinflusste wichtige Pädagogen wie Johann Heinrich Pestalozzi (1746–1827) und Friedrich Fröbel (1782–1852). Erst mit Rousseaus Entdeckung konnten überhaupt Eigenheiten und Besonderheiten kindlichen Wahrnehmens, Denkens und Empfindens in den Blick gelangen. Dies führte Ende des 19. Jahrhunderts zur Veröffentlichung einer Reihe von Säuglings- und Kinderbiographien und schließlich im 20. Jahrhundert zur Entstehung der Entwicklungspsychologie als eigenständiger Disziplin.[20]

Auf dem Gebiet der Erforschung kindlichen Denkens leistete Jean Piaget (1896–1980), der Amundson der Entwicklungspsychologie, durch seine Theorie wie durch seine Experimente und Versuche zur Erforschung der kindlichen Erkenntnisprozesse Pionierarbeit. Zudem zeigen Piagets Gedanken gerade auch in der Pädagogik eine breite Wirkung. Weil Piaget darüber hinaus in der Kinderphilosophie von Bedeutung ist (wenn auch als Stein des Anstoßes, wie in einem späteren Kapitel noch zu zeigen sein wird), folgt ein kurzer, notwendig oberflächlich bleibender Einblick in seine Grundüberlegungen und in seine Forschungsergebnisse.

Beeinflusst durch die Philosophie Immanuel Kants (1724–1804) ging Piaget davon aus, dass der Mensch bestimmte Kategorien und Fähigkeiten besitzt, die entscheidend sind für die Art, wie wir wahrnehmen und denken. Denken ist eben nicht nur eine Ansammlung von Fakten und Informationen. Was wir in Erfahrung bringen und wie Erfahrungen eingeordnet und verknüpft werden, ist abhängig von unserer Erkenntnisleistung. Über Kant hinausgehend sah Piaget diese Erkenntnisfähigkeiten in der Entwicklung jedes Menschen einem Wandel unterlegen: Im Denken von Kindern und Erwachsenen liegt nicht einfach ein quantitativer Unterschied in den Wissensinhalten, so dass Kinder etwa im Rahmen eines Quiz lediglich weniger Fragen beantworten können als Erwachsene. Vielmehr unterscheidet sich die Art des Denkens von Kindern und von Erwachsenen. Kinder denken anders als Erwachsene. So wie Kinder körperlich einem Wachstums- und Reifeprozess unterliegen, durchlaufen sie Phasen der kognitiven Entwicklung bis hin zum Denken im Erwachsenenalter. Logisches Denken ist Kindern nicht angeboren. Folgende Stufen hat Piaget mit seinen Mitarbeiterinnen und Mitarbeitern durch systematische Beobachtung von Kindern und experimentelle Versuche festgestellt:

Die sensomotorische Phase (bis zu zwei Jahre)

Mit dieser Phase beschreibt Piaget das „Erwachen der Intelligenz" (so ein Buchtitel Piagets) beim Kind. Das Kind entwickelt ein „vorbegriffliches Denken", das sich rein auf der Wahrnehmungs-Handlungsebene vollzieht. Beginnend mit angeborenen Reflexmechanismen vollzieht Piaget anhand von sechs Stadien den Weg des Kindes bis hin zu ersten Vorstellungen nach. In der

Fähigkeit, ab Mitte des zweiten Lebensjahrs Handlungen innerlich vollziehen und die Ergebnisse von Handlungen gedanklich vorwegnehmen zu können, liegt der Übergang zum Denken. Eine wichtige Etappe auf dem Weg zur gedanklichen Repräsentation bildet die sogenannte Objektpermanenz. Es gilt nun nicht mehr „aus den Augen aus den Sinn", sondern „einmal im Sinn, immer im Sinn". Als zweite wichtige Etappe ist die Fähigkeit des Kindes zur zeitverzögerten Nachahmung zu nennen.

Die präoperative Phase (zwei bis sieben Jahre)

In diese Phase fällt der primäre Spracherwerb und in ihre zweite Hälfte auch die Aneignung erster Grundlagen des begrifflichen und logischen Denkens. Erst etwa ab dem 4. Lebensjahr gelingt es Kindern, sich Gegenstände in räumlicher, zeitlicher und auch logischer Beziehung vorzustellen. Das kindliche Denken bleibt in dieser Phase noch sehr stark an die konkrete Anschauung gebunden (ist prä-operativ) und unterliegt charakteristischen Einschränkungen. Anhand des Problems der Mengenerhaltung zeigt Piaget eine solche Beschränkung: Verformt man vor den Augen der Kinder eine Tonkugel in einen Schlauch, so bedeutet dies für die Kinder entweder eine Zunahme oder aber Abnahme der Masse. Dass diese gleich bleiben könnte, ziehen sie nicht in Betracht. Kinder beachten in dieser Phase immer nur einen Aspekt des Wahrgenommenen. Die Aspekte Umfang und Länge bringen sie nicht in Zusammenhang: Der Schlauch ist länger als die Kugel, also enthält er mehr. Oder: Die Kugel ist dicker, also hat sie eine größere Masse als der Schlauch.

Die Phase der konkreten Operation (7 bis 11 Jahre)

Thomas Kesselring hat in seinem Buch über Piaget für das kindliche Denken in der Phase der konkreten Operation die treffende Überschrift „Ins Denken kommt Ordnung" gewählt.[21] Das Denken löst sich zunehmend vom konkret Beobachteten. Nicht allein der Augenschein, sondern auch der gedankliche Nachvollzug des Gesehenen und Geschehenen bekommt eine Bedeutung. Dadurch können nun mehrere Aspekte in Beziehung gesetzt werden (Operationen). Die Einsicht in die Mengenerhaltung der Tonkugel bei Verformung zeigt, dass Umfang und Länge zusammen in das Verständnis von Volumen übergegangen sind. Reihenbildungen (z. B. Stäbe der Größe nach sortieren) sind Kindern nun genauso möglich wie Aussagen zur Beziehung des Ganzen zu seinen Teilen. Dennoch bleiben diese Denkfähigkeiten auf anschaulich Gegebenes, entweder sichtbare Gegenstände oder konkret vorgestellte Handlungen, bezogen. Ohne diesen Bezug tauchen die Fehler der präoperativen Phase weiterhin auf.

Die Phase der formalen Operation (ab 11/12 Jahre)

Kesselring behandelt diese Phase unter der Überschrift „Die Intelligenz wird wissenschaftlich". Das Denken der Kinder abstrahiert nun von Sicht- und Greifbarem. Kinder entwickeln Hypothesen und prüfen diese durch planvolles Experimentieren.

Kehren wir von der Beschreibung einzelner Phasen zur Entwicklungstheorie als solcher zurück. Grundsätzlich steht eine jede Stufen- oder Phasenlehre, also auch diejenige Piagets, in der Gefahr, missverstanden zu werden. Vor diesen Missverständnissen sind auch die Schöpfer solcher Theorien nicht gefeit. Piagets Phasenlehre der Entwicklung kindlichen Denkens ist in folgenden Aspekten kritisch zu beleuchten: im Hinblick

auf die Unabänderlichkeit einmal erkannter Stufen, den Anspruch auf Vollständigkeit in der Beschreibung kindlichen Denkens und auf die enge zeitliche Festlegung der einzelnen Phasen.
Diese problematischen Aspekte stehen in direkter Verbindung
mit dem Begriff „Entwicklung". Dieser wurzelt sprachlich in
dem lateinischen „evolutio", das ursprünglich Aufrollen bzw.
Aufschlagen einer Schriftrolle bzw. eines Buches bedeutet. Ein
Buch hat eine festgelegte Folge von Kapiteln, die sich mit eng
umgrenzten Inhalten zwischen genau bestimmbaren Seitenzah-
len dem Leser darbieten. Es ist aber nicht möglich, mit Hilfe der
Entwicklungspsychologie im kindlichen Verhalten und Denken
wie in einem offenen Buch zu lesen. Werden diese Grenzen der
Theorie Piagets jedoch berücksichtigt, gewährt sie wichtige Einblicke in kindliche Vorstellungs- und Denkwelten.

> In der Missachtung entwicklungspsychologischer
> Erkenntnisse liegt eine mögliche Schwachstelle in der noch jungen
> Disziplin der Kinderphilosophie. Andererseits muss sich
> Kinderphilosophie gegen Einengungen durch eine unkritische
> „Phasengläubigkeit" wehren.

1.4 Das Kind in der Welt

Menschen sind nicht nur Organismus und Psyche. Menschen
sind soziale Lebewesen. Es ist darum wichtig, den Blick auf das
Kind um die soziologische Perspektive zu erweitern. Die Soziologie betrachtet den Menschen als Gesellschaftswesen, also den
Menschen unter Menschen. Die Gesellschaft ist weit mehr als
eine bloße Ansammlung von Einzelnen. Der Mensch ist wesensmäßig auf andere Menschen verwiesen und angewiesen. Die

Vermittlung und Aneignung der Regeln und Normen, die ein Zusammenleben erst ermöglichen, wird mit dem soziologischen Grundbegriff „Sozialisation" beschrieben. Mit Sozialisation wird die Menschwerdung des Menschen in einer Gesellschaft bezeichnet.

Weil sich Menschen im Unterschied zu Tieren, die in einer *fraglosen* Unmittelbarkeit zur Welt und damit in einer bewusstlosen Sicherheit leben, nicht instinktsicher in der Welt zu bewegen wissen, müssen sie sich ihre Umwelt lernend aneignen. Diese spezifische Verfassung des Menschen wird in der Anthropologie von den einen als biologisches Defizit beschrieben (der Mensch als „unfertiges Tier" (Nietzsche) oder als „Mängelwesen" (Gehlen)). Max Scheler bezeichnet diesen Zustand des Menschen dagegen positiv als „Weltoffenheit".

Mit Blick auf die Kinderphilosophie kann die Spannung zwischen Sicherheit und Unsicherheit auf der einen Seite und Geschlossenheit und Offenheit auf der anderen Seite pointierter formuliert werden: Der Mensch, der zwischen diesen Polen steht, ist das „fragwürdige Wesen": Der Mensch ist fragwürdig, weil er als Mängelwesen gefährdet ist. Seine Lernprozesse drohen ständig zu scheitern. Der Mensch ist andererseits des Fragens würdig.

> In seiner Weltoffenheit ist der Mensch durch die Möglichkeit und Fähigkeit des Fragens vor allen anderen Lebewesen ausgezeichnet. Genau an diese Würde des Menschen knüpfen die Überlegungen zu einer Kinderphilosophie an.

Betrachten wir aber zunächst die Seite der Sicherheit. Wie der Philosoph Ludwig Wittgenstein (1889–1951) in seinen Überlegungen „Über Gewißheit"[22] gezeigt hat, ist jeder Zweifel nur vor dem Hintergrund von Nichtangezweifeltem möglich. Als Gedankenexperiment regt Wittgenstein an, dass es verboten sein soll, „Ich weiß" zu sagen. Statt dessen soll nurmehr die Behauptung man „glaube zu wissen" erlaubt sein.[23] Was würde passieren?

Es macht sich eine gewisse Unsicherheit breit, die bald schon in Lähmung umschlägt. Ich frage jemanden nach dem Weg und erhalte als Antwort, dass dieser glaubt zu wissen, dass ich zwei Straßen weiter geradeaus gehen muss, um dann links abzubiegen usw. Ich, als derjenige, der den Weg nicht kennt, muss entscheiden, ob der Glaube des Befragten begründet ist. Da ich dafür keine Entscheidungskriterien habe, frage ich den nächsten Passanten, der die gleiche Wegbeschreibung abgibt, gleichzeitig aber auch betont, nur zu glauben, dass er den richtigen Weg wisse. Zur Sicherheit gehe ich noch auf einen dritten zu. Wenn schließlich alle drei unabhängig voneinander die gleiche Wegbeschreibung liefern, so ist es wahrscheinlicher, dass es sich um die richtige handelt, als wenn nur zwei Wegbeschreibungen übereinstimmen. Mit dem Blick auf die Uhr unterlasse ich es, weitere Auskünfte einzuholen, da der Termin für das Treffen an dem mir unbekannten Ort bereits verstrichen ist. Im Alltag zeigt sich diese Unsicherheit als Handlungsverunsicherung oder gar Handlungsverhinderung.

Dieses kleine Gedankenexperiment zeigt, dass Menschen nicht alles unter Vorbehalt des Zweifels stellen können. Sie bewegen sich auf üblichen Wegen und handeln nach üblichen Regeln. Sie leben in Üblichkeiten.[24] Genau diese Üblichkeiten müssen Kinder erlernen, um sich im Alltag fraglos bewegen zu können. Erziehung braucht Stabilität, weil andernfalls gar nicht feststünde, was gelehrt bzw. erlernt werden muss. „Das Kind lernt, indem es den Erwachsenen glaubt. Der Zweifel kommt nach dem Glauben"[25]. Wir entnehmen diesem Satz Wittgensteins einen wichtigen Hinweis:

Philosophieren mit Kindern darf nicht bedeuten, in der Welt der Kinder alles in Frage zu stellen oder gar Kindern Antworten vorzuenthalten. Vielmehr soll sie dazu beitragen Fragehorizonte und damit Lebenshorizonte offen zu halten. Eine Kinderphilosophie, die so vorgeht, ermöglicht es Kindern, sich in ihrer Umwelt heimisch zu fühlen. Gleichzeitig bewahrt sie davor, Freiheitsmomente gegen Einengung und Scheinsicherheiten einzutauschen.

Üblichkeiten sind sicher, weil sie üblicherweise eintreten und damit den Erwartungen entsprechen. Das bedeutet aber nicht, dass Erwartungen unverändert blieben. Das, was wir erwarten, oder was andere von uns erwarten, unterliegt gesellschaftlichem Wandel. Vor wenigen Jahrzehnten waren andere Anforderungen gestellt als heute.

Wodurch zeichnet sich die Gesellschaft heute aus? In der aktuellen philosophischen und politischen Debatte hat sich die Bezeichnung „postmoderne Gesellschaft" festgesetzt. Mit diesem Begriff wird die Akzentuierung in Richtung Freiheit und Individualität des Einzelnen gegenüber Disziplin und institutioneller Einbindung bezeichnet.[26] In der heutigen gesellschaftlichen Realität wird diese Entwicklung an verschiedenen Phänomenen sichtbar, die allesamt eine Loslösung der Einzelnen aus ehedem festen Lebensbezügen bedeuten: Auflösung der „Normalfamilie", Flexibilisierung von „Normalarbeitsverhältnissen", Kirchenaustritte, Unattraktivität des Vereinslebens etc.

Wichtig ist aber nicht allein, wie viele Menschen ein Leben jenseits vormals vorgegebener Bahnen leben. Entscheidend ist vielmehr, dass diese Lebensweisen zu gesellschaftlich akzeptierten Lebensmodellen werden. Dadurch steht dem Einzelnen eine größere Spannbreite gesellschaftlich akzeptierter und legitimierter Möglichkeiten individueller Lebensgestaltung offen. Diese Ausweitung des gesellschaftlich akzeptierten Handlungsspielraums erhöht die

Anforderungen hinsichtlich der eigenen Lebensgestaltung. Denn mit der Auflösung traditionell normierter Lebensformen wird die weithin vorherrschende Normalbiographie zu einer „Wahlbiographie"[27], zu der sich der einzelne mit allen Risiken einer Wahl entscheiden muss. Der einzelne ist zur Individualisierung „verdammt"[28]. Dabei ist die Zunahme an Entscheidungen nicht gleichzusetzen mit freier Wahlmöglichkeit oder der ungehinderten Durchsetzung der je eigenen Zielvorstellungen. Mit der These von der voranschreitenden Individualisierung wird nicht die Bestimmtheit der äußeren Lebensbedingungen eines Menschen durch milieu- oder schichtenspezifische Vorgaben geleugnet – vielmehr meint Individualisierung „Wahl unter Restriktionen"[29].

Mit der Steigerung von Wahlmöglichkeiten einerseits sowie der de facto damit einhergehenden wachsenden Anzahl an Orientierungsangeboten andererseits kommt der Philosophie eine zunehmend lebenspraktische Aufgabe zu. Dies hat in den letzten Jahrzehnten dazu geführt, dass außerhalb der akademischen Philosophie die Philosophen wieder stärker auf den Marktplatz zurückkehren. Hat doch die Philosophie ihre Anfänge vor rund 2500 Jahren auf den Marktplätzen Griechenlands genommen.

Mit „Philosophischen Cafés" und im Rahmen der Philosophischen Praxis stellt sich Philosophie wieder einer größeren Öffentlichkeit. Unsere Erfahrungen im Rahmen der Philosophischen Praxis haben uns auch zu der Beschäftigung mit Kinderphilosophie geführt. Kinder sehen sich vor ähnliche Aufgaben und Probleme gestellt, vor die auch Erwachsene gestellt sind. Dies ist nicht weiter verwunderlich, teilen doch beide gemeinsam eine Welt. Eine Welt, die, wie im folgenden zu zeigen ist, immer seltener vor der Kinderzimmertür halt macht.

Der beschriebene gesellschaftliche Wandel hat direkte Auswirkungen auf die Umwelt, in die Kinder hineingeboren werden. So liegt ein Aspekt der Zunahme an Wahlmöglichkeiten darin, dass an die Stelle *der* Familie eine Vielzahl familiärer Lebensformen tritt. In diesen leben Erwachsene, aber auch Eltern und Kinder in unterschiedlichen Konstellationen zusammen.

Vor wenigen Jahrzehnten war dagegen die Attraktivität des Lebens in der „Kernfamilie" noch so hoch, dass sie für die überwiegende Mehrheit zu einem zentralen Bestandteil der eigenen Lebensplanung und -gestaltung gehörte. Zum Modell „Kernfamilie" zählen Vater bzw. Ehemann, Mutter bzw. Ehefrau, Sohn bzw. Bruder und Tochter bzw. Schwester.

Anhand soziodemographischer Entwicklungen lässt sich der zunehmende Bedeutungsverlust dieses Modells zeigen: Das steigende Alter von Frauen bei der Geburt des ersten Kindes, macht deutlich, dass die Familiengründung durch außerfamiliäre Lebensformen mindestens zeitlich hinausgeschoben wird. Zusammen mit einer steigenden Scheidungsquote als Zeichen für eine gestiegene Brüchigkeit klassisch familiären Zusammenlebens zeigt sich eine wachsende Mobilität zwischen verschiedenen Lebensformen. Die wachsende Erwerbsquote unter Frauen und auch Müttern belegt die selbstgewählte oder aber durch ökonomische Zwänge bedingte Auflösung der klassischen Rollenverteilung. Bei den Männern zeigt sich ein anderes Bild: ihre Rolle ist relativ stabil.

Zusammenfassend zeigt sich, dass in den letzten zwei bis drei Jahrzehnten neben dem Leben in der Kernfamilie eine Vielzahl alternativer Lebensformen von einer wachsenden Anzahl von Menschen (erzwungen und selbstgewählt) praktiziert wird.[30] Für immer mehr Kinder wird somit die Pluralität familiärer Lebensformen selbstverständlicher Bestandteil ihres Alltags, auch wenn die Mehrheit der Kinder weiterhin in klassisch bürgerlichen Familienverhältnissen aufwächst.

Aber nicht nur die familiären Lebensformen, auch die inner-
familiären Verhältnisse wandeln sich: Berufliche und außerbe-
rufliche Aktivitäten der Eltern führen dazu, dass Kindern heute
größere Freiräume und ein höherer Grad an Selbständigkeit
zugebilligt bzw. – wie einige argwöhnen – zugemutet werden.
Darüber hinaus führt die sich im Zuge der Diskussion um anti-
autoritäre Erziehung entwickelte Demokratisierung der Erziehung im Ergebnis zu einer Entwicklung vom Befehls- zum Ver-
handlungshaushalt, in dem Eltern und Kinder Entscheidungen
gemeinsam treffen und Kompromisse aushandeln.

Größere Freiräume für Kinder tragen dazu bei, dass die Familie stärker in Konkurrenz zu anderen Sozialisationsinstanzen
gerät. Als Konkurrent ist in erster Linie die Gruppe der Gleichaltrigen (peer groups) zu nennen, die sich in speziellen Kinder-
und Jugendkulturen bewegen. Die Gruppe der Gleichaltrigen
war seit jeher ein entscheidender Bezugspunkt in der Entwicklung von Kindern. Der Wunsch nach Zugehörigkeit zur Gruppe
sowie der Vergleich mit anderen sind wichtige Bestandteile der
kindlichen und jugendlichen Entwicklung.

Als weitere Konkurrenz treten die Massenmedien hinzu, denen seit Beginn der 80er Jahre mit der Einführung des Privat-
fernsehens und -rundfunks im Alltag eine wachsende Bedeutung
zukommt. Ein besonderer Konkurrenzdruck lastet auf der Familie als Sozialisationsinstanz gerade durch die enge Verzahnung
von Kinder- und Jugendkulturen einerseits und den Medien andererseits. Dies liegt nicht nur darin begründet, dass ein „Bom-
bardement" mit Werbung in den Medien einsetzte. Darüber hinaus wenden sich in den privaten Sendern die Werbebotschaften
auch immer mehr direkt an Kinder und hier speziell an Kinder
im Vorschulalter.[31] Steigender Werbedruck und der Einsatz um-
fassender Werbestrategien, in denen das Buch zum Film genauso
angeboten wird wie die CD mit den neusten Hits aus der Werbung, binden Kinderwarenmärkte eng an Medienwelten.

Im Ergebnis führt die Verzahnung von Medien und Kinder- und Jugendkultur zu einer voranschreitenden Kommerzialisierung kindlicher und jugendlicher Lebenswelten, in denen Statusfragen und Fragen nach dem Besitz an Bedeutung gewinnen. Kinder wachsen zunehmend in einer kommerzialisierten Kinderkultur auf. Dabei werden ihnen frühzeitig die Grundregeln der Konsumgesellschaft vermittelt: Konsum ist natürlich, bereichert und bringt Anerkennung. Ob es gerechtfertigt ist, diese sogenannten „Konsumkinder" gleich zu kleinen Monstern hochzustilisieren, kann bezweifelt werden, da Kinder wie selbstverständlich eine Erwachsenenwelt vorfinden, deren Wachstumsphilosophie trotz aller Einschränkungen nicht nur die Wirtschaftsordnung bestimmt, sondern auch das Leben des Einzelnen durchdringt. Konsum gehört zum Alltag sowohl der Erwachsenen als auch der Kinder. Dies kann kritisiert, aber nicht wegdiskutiert werden. In dieser Entwicklung zeigt sich zunächst nur, dass die „Erwachsenenwelt" nicht vor der Kinderzimmertür halt macht.

Vielmehr werden Anstrengungen unternommen, die Kinderzimmer gezielt zu erobern: Mit dem Wissen um das steigende Volumen der direkten und indirekten (Einflussnahme auf familiäre Kaufentscheidungen) Kaufkraft von Kindern und Jugendlichen werden diese als ernstzunehmender Wirtschaftsfaktor entdeckt. Kinder und Jugendliche werden von „Werbewissenschaftlern" und Industrie als Akteure betrachtet, die sich in dieser Welt aktiv und kenntnisreich bewegen.

Die Medien allein unter dem Aspekt von Werbung und Kommerzialisierung zu betrachten, bedeutete aber eine unzulässige Verengung. Die Einflüsse der Massenmedien auf kindliche Lebenswelten können in deutlich weiterer Perspektive diskutiert werden. Bereits Mitte der achtziger Jahre beschrieb Neil Postman das „Verschwinden der Kindheit"[32]. Postman konstatiert eine Annäherung der Lebenswelten unterschiedlicher Ge-

nerationen durch die Mediennutzung. Die Massenmedien, die
Kindern und Jugendlichen in gleicher Weise zugänglich sind
wie den Erwachsenen, schaffen eine beiden gemeinsame Realität. Es gibt kein Thema mehr (Gewalt, Krieg, Konsum, Prostitu-
tion, Ehekonflikte etc.), von dem Kinder ausgeschlossen sind.
Die Kindheit ist als Schonraum und als Vorbereitung auf das
Erwachsenenleben verschwunden. Mit Blick zurück auf unsere
Ausführungen über die „Entdeckung der Kindheit", kann Postmans These pointiert dahingehend formuliert werden, dass
letztlich ein Rückfall ins Mittelalter festgestellt werden kann.
Ein Rückfall in eine Zeit also, in der die Trennung von Kindheit
und Erwachsenenwelt keine Rolle spielte.

Es kann einiges gegen die Ausführungen Postmans angeführt
werden. Insgesamt scheint die Unbedingtheit seiner Argumentation durch stark kulturpessimistische Töne geprägt. Statt einer
Totalverurteilung der Medien ist ein differenzierter medienpäda-
gogischer Ansatz sicherlich fruchtbarer. In unserem Zusammenhang ist Postmans Argumentation aber völlig ausreichend, da sie
eindringlich deutlich macht, dass Kinder nicht abgeschottet werden können. Sie sind der medial vermittelten Wirklichkeit ausgesetzt.

Mit den Hinweisen auf die Vielzahl familiärer Lebensformen,
der Kommerzialisierung von Kinder- und Jugendkulturen sowie
der Bedeutung der medial vermittelten Wirklichkeit werden
Momentaufnahmen der Einbindung kindlicher Lebenswelten
in den gesellschaftlichen Wandel gezeigt.

Unsere Überlegungen zu diesem Wandel nahmen ihren Ausgang in den Sicherheiten, die für die Bewältigung des alltäglichen Lebens unabdingbar sind. Faktisch weist die Entwicklung
in Richtung einer Ausweitung der Handlungsspielräume – bei
gleichzeitiger Auflösung von Sicherheiten. Zur Wahl gestellte
Üblichkeiten sind eben nicht mehr ganz so selbstverständlich.
Auf Seiten der individuellen Lebensführung führt dies zu einer

Zunahme von Verunsicherung und von Orientierungsproblemen. Dies gilt für Erwachsene genauso wie für Kinder, auch wenn dies entsprechend dem Altersunterschied in unterschiedlichen Lebenszusammenhängen zum Ausdruck kommt.

Kinder sind früh der Komplexität ihrer Umwelt ausgesetzt. Sich in ihr zu orientieren und den eigenen Standort in ihr zu finden, ist ihnen genauso aufgegeben wie Erwachsenen. Um in der vielfach beschriebenen Komplexität und Unübersichtlichkeit unserer Welt nicht unterzugehen, das heißt sich selbst als Individuum behaupten zu können, müssen bereits früh genug tragfähige Kompetenzen ausgebildet werden. Philosophieren mit Kindern liefert hierzu einen Beitrag.

2 Kinder und Philosophie

Georg Friedrich Wilhelm Hegel, ein bedeutender Philosoph des 19. Jahrhunderts, hat Philosophie als „Anstrengung des Begriffs"[1] gefasst. Eine zentrale philosophische Aufgabe besteht demnach darin, etwas auf den Begriff zu bringen. Erst wenn es auf den Begriff gebracht ist, ist es begriffen, liegt es klar und verständlich vor uns.

Wie sieht es im Bereich Kinder und Philosophie aus? Hier bietet sich zunächst ein undeutliches Bild. Die Beziehung zwischen Kindern und Philosophie wird mit unterschiedlichen Bezeichnungen belegt: „Kinderphilosophie", „Philosophie für Kinder" und „Philosophieren mit Kindern". Wie so häufig bei unklarer Begrifflichkeit handelt es sich nicht um einen bloßen Streit um Worte. Der Unklarheit liegt ein Problem in der Sache zugrunde, denn offensichtlich kann die Beziehung zwischen Kindern und Philosophie ganz unterschiedlich gedacht werden. Die verschiedenen Bezeichnungen spiegeln diese Unterschiede wider.[2]

Kinderphilosophie

Die Bezeichnung „Kinderphilosophie" ist selbst nicht eindeutig. Zum einen kann „Kinderphilosophie" bedeuten, dass Philosophen sich Gedanken über Kinder machen. Ähnlich wie in der Bezeichnung „Kinderpsychologie" ist das Kind Untersuchungsgegenstand einer wissenschaftlichen Disziplin.

Zum anderen kann mit „Kinderphilosophie" auch die Philosophie bzw. unterschiedliche Philosophien von Kindern gemeint sein. Der Philosoph und Arzt Karl Jaspers (1883–1969), der in den 50er Jahren den Begriff „Kinderphilosophie" prägte, meinte dies nicht abwertend, im Sinne von: etwas sei bloße „Kinderphilosophie". Er war vielmehr von der Nähe zwischen Kindern und Philosophie überzeugt:

> *Wer sammeln würde, könnte eine reiche Kinderphilosophie be-*
> *richten. (…) Der Einwand, dass diese Kinder doch nicht weiter*
> *philosophieren und dass solche Äußerungen nur zufällig sein*
> *könnten, übersieht eine Tatsache: Kinder besitzen oft eine Ge-*
> *nialität, die im Erwachsenenalter verloren geht.*[3]

Als Beispiel für die Philosophie eines Kindes kann der Briefwechsel zwischen Nora K. und dem Philosophen Vittorio Hösle angesehen werden, der 1997 unter dem Titel „Das Café der toten Philosophen. Ein philosophischer Briefwechsel für Kinder und Erwachsene" veröffentlicht wurde.[4] Er enthält philosophische Gedanken, die Nora beginnend im Alter von elf Jahren über mehrere Jahre hinweg entwickelt. Hösle selbst findet es nicht weiter verwunderlich, dass ein Kind Briefe wie die dort abgedruckten verfasst. Vielmehr verwundert ihn der Umstand, dass nur sehr wenige Kinder wie Nora ihre philosophischen Gedanken entfalten. Schuld daran ist in den Augen des Philosophen Hösle die fehlende institutionelle, aber auch die im privaten Umfeld fehlende Unterstützung. Hösle kritisiert, dass mit den Begabungen von Kindern, also auch mit der philosophischen Begabung, unverantwortlich umgegangen wird.

In diesem Zusammenhang müssen kritische Bemerkungen angeschlossen werden:

1. Es wird eine begriffliche Unschärfe deutlich. Nora ist über weite Teile des Briefwechsels sicherlich eher als Jugendliche denn als Kind anzusehen. Insofern handelt es sich um eine übergreifende Verwendung des Begriffs „Kinderphilosophie".

Gemeint ist genauer eine „Kinder- und Jugendphilosophie". Im Laufe der nächsten Abschnitte wird noch auf Altersbegrenzungen eingegangen werden.

2. Vielen Hinweisen in den Briefen zwischen Nora und Hösle ist zu entnehmen, dass Nora aus einer kulturell und sozial gehobenen Schicht stammt. Der Vater liest (Alt-) Griechisch; die Mutter nimmt an philosophischen Seminaren bei Hösle teil und Nora besucht Theatervorstellungen wie Shakespeares „Der Widerspenstigen Zähmung". Noras Familie besitzt keinen Fernseher. Dies ist sicherlich nicht das soziale Umfeld, in das die Mehrzahl der Kinder hineinwächst. So entsteht leicht der Eindruck, es handele sich, wenn Kinder philosophieren, um eine elitäre Tätigkeit oder um eine Beschäftigung von Hochbegabten. Diesem Eindruck treten wir energisch entgegen: Philosophie basiert auf einer *Kultur des Fragens* und nicht auf einer *Bildungs- und Wissenskultur*. Zwischen beiden gibt es allerdings eine Schnittmenge.

Philosophie für Kinder

Von der „Kinderphilosophie" zu unterscheiden ist eine „Philosophie für Kinder". Wer diese Bezeichnung wählt, stellt offensichtlich das Bestreben, Kindern Philosophie zu vermitteln, in den Vordergrund.

Als Beispiel einer solchen Philosophie für Kinder liegt „Sofies Welt" von Jostein Gaarder[5] nahe. Dieses Buch war in den 1990er Jahren ein Überraschungserfolg und blieb über Jahre hinweg ein Bestseller. „Sofies Welt" ist eine Philosophiegeschichte, die in eine Rahmenerzählung eingebettet ist. Die Briefschreiberin Nora ist in ihrer Auseinandersetzung mit Philosophie wesentlich von diesem Buch beeinflusst. Ihr philosophischer Briefpartner (Hösle) mutmaßt, dass dieses Buch mehr von Erwachsenen als von Kindern und Jugendlichen gelesen wird. Die Frage, ob es sich bei diesem Buch um eine Philosophie für Kinder handelt, stellt sich eigentlich nicht. Wenn überhaupt, richtet sich „Sofies Welt" an Jugendliche. Auch lassen die Verkaufszahlen keinen direkten Schluss darauf zu, wie häufig das Buch gelesen wird. Ein Teil der hohen Auflage ist sicherlich darauf zurückzuführen, dass „Sofies Welt" ein beliebtes Geschenk war, nicht zuletzt deshalb, weil der Schenkende durch den Bedeutungsgehalt dieses Buches die eigene Person ins rechte Licht rücken will.[6] In jedem Fall läßt der Erfolg von „Sofies Welt" keine gesicherten Rückschlüsse auf ein vorherrschendes oder gar gewachsenes Interesse von Kindern an Philosophie zu.

Philosophieren mit Kindern

Als dritte mögliche Bezeichnung ist das „Philosophieren mit Kindern" zu nennen. Mit dieser wird das Philosophieren als Tätigkeit betont. Uns scheint es die treffende Bezeichnung zu sein. Wir werden sie im weiteren Verlauf beibehalten.[7] Kindern Philosophie lediglich darzubieten, ist nicht ausreichend. Denn nicht Philosophie, sondern Philosophieren ist lehr- und damit auch erlernbar (Kant)[8].

Mit unserer Bevorzugung der Bezeichnung „Philosophieren mit Kindern" ist keine Entscheidung gegen die in den anderen Bezeichnungen zum Ausdruck kommenden Beziehungen von Kindern und Philosophie gefallen. Vielmehr gilt: diese möglichen Beziehungen sind darin aufbewahrt. Denn wie sollte es gelingen, mit Kindern zu philosophieren, wenn sie selbst kein Interesse an Philosophie hätten, wenn sie keine eigenen philosophischen Gedanken entwickelten (Kinderphilosophie)? Und wie sollten Kinder philosophische Gedanken entwickeln, wenn sie in ihrem Bestreben nicht unterstützt würden (Philosophie für Kinder)?

Die im weiteren diskutierten Ansätze umschließen immer alle drei Elemente der Beziehung zwischen Kindern und Philosophie. Sie können allerdings voneinander unterschieden werden – je nachdem, auf welches Element der Schwerpunkt gelegt wird:[9] Liegt der Schwerpunkt auf „Philosophie für Kinder", so handelt es sich im Ansatz um eine *„Vermittlungstheorie"*. Der Hauptvertreter dieser Richtung ist der amerikanische Philosoph Matthew Lipman. Hinzu treten die an der sokratischen Methode orientierten Ansätze.

Liegt der Schwerpunkt auf „Philosophie von Kindern", so erhält in diesen Ansätzen die Frage nach der Stellung von Kindern im philosophischen Gespräch besonderes Gewicht. Weil hier eine bestimmte Haltung Kindern gegenüber eingenommen bzw. eingefordert wird, belegen wir diese Ansätze mit dem Begriff *„Haltungstheorien"*. Zentral für diese Ausrichtung ist der Philosoph Gareth B. Matthews.

Wird der Schwerpunkt auf das „Philosophieren mit Kindern" gelegt, steht der Prozess des Philosophierens als ein Prozess der Verständigung über sich und die Welt im Vordergrund. Wir bezeichnen diese Ansätze als *„Aufklärungstheorien"*. Zu diesen sind die Überlegungen von Ekkehard Martens zu rechnen, der in Deutschland seit den 80er Jahren für das „Philosophieren mit Kindern" Pionierarbeit geleistet hat. Allerdings kann diese Ausrichtung auf die Impulse der Reformpädagogik Anfang des 20. Jahrhunderts zurückgeführt werden. Im Deutschland der zwanziger Jahre bildete das Philosophieren mit Kindern eine mögliche Antwort auf gesellschaftliche Orientierungsprobleme nach dem Ersten Weltkrieg. Ein Vertreter des Philosophierens mit Kindern und Jugendlichen war Hermann Nohl (1879–1960), der bereits bei Vierjährigen metaphysisches Denken und philosophisches Staunen feststellte:

Langsam gehen dem kleinen Menschen, der viel metaphysischer denkt als der Erwachsene ahnt, Dinge auf wie der Sterncharakter der Erde, daß es im Weltraum kein Oben und Unten gibt, das

*Geheimnis der Unendlichkeit, das Wunder des Lebens, die merk-
würdige Tatsache des Gesetzes, die Macht der Zahl, dann aber
auch Fragen wie das Theodizeeproblem, das schon Vierjährige
lange beschäftigen kann, die sittliche Frage der Freiheit usw.*[10]

Alle Bemühungen in Richtung Kinderphilosophie wurden mit
dem Beginn der Nazizeit zerstört. Die Wiederaufnahme des
Philosophierens mit Kindern in der Bundesrepublik Deutschland geschah auf dem Umweg über die USA.

In den folgenden Abschnitten werden alle drei Richtungen
des „Philosophierens mit Kindern" im Überblick vorgestellt.
Dieser Überblick dient zugleich als Einleitung in das „Philosophieren mit Kindern" überhaupt. Weltweit haben sich mittler-
weile die Bemühungen, Kinder und Philosophie näher zusammen zu rücken, verstärkt. Anhand der verschiedenen Ansätze
werden Probleme des Philosophierens mit Kindern herausgestellt und diskutiert. Daran anknüpfend werden zentrale Be-
zugspunkte für das Philosophieren mit Kindern entwickelt.
Hierbei werden wir Zuspitzungen und Einseitigkeiten in der
Darstellung nicht vermeiden können. Dies ist unserer Meinung
nach gerechtfertigt: geht es doch in diesem Zusammenhang
nicht um eine erschöpfende Darstellung bestehender Ansätze,
sondern darum, einen Zugang zum „Philosophieren mit Kindern" zu ermöglichen. Hierzu müssen zentrale Fragen, die an
ein „Philosophieren mit Kindern" zu richten sind, gestellt und –
so weit möglich – auch beantwortet werden. Diese Fragen lauten:

- Philosophieren Kinder? Und wenn sie dies tun, in welcher
  Form philosophieren sie?
- Können Kinder philosophieren? Und wenn sie dies können,
  gibt es Unterschiede zum Philosophieren von Erwachsenen?
- Und schließlich: Sollen Kinder philosophieren?

Die folgenden Ausführungen werden diese Fragen beantworten. Einfach nacheinander gestellt und beantwortet werden können sie nicht. Die Beantwortung einer der Fragen hat Auswirkungen auf die Beantwortung der jeweils anderen. Und es wird sich immer wieder zeigen, dass alle drei Fragen von der Beantwortung einer vierten abhängen: Was ist Philosophie?

2.1 Denk doch mal nach! – Vermittlungstheoretische Ansätze

Vermittlungstheorien lehren Kindern nicht bestimmte Philosophien oder gar Weltanschauungen. Vielmehr geht es ihnen darum, „Denkfähigkeiten" zu vermitteln. Der amerikanische Philosoph Matthew Lipman, Professor für Logik und Ästhetik, entwickelte Ende der 60er Jahre seine Überlegungen zu einer Philosophie für Kinder. Den Ausgangspunkt bildete seine Einschätzung, dass die Fähigkeit, klar und rational zu argumentieren, zwar erlernbar, aber nur wenig verbreitet ist. Deshalb forderte Lipman, dass das (amerikanische) Bildungssystem von Grund auf, auch mit Hilfe der Philosophie reformiert werden muss. Er veröffentlichte eine Reihe von philosophischen Erzählungen für Kinder (Philosophy for Children oder kurz: P$_4$C) die helfen sollen, den Mangel an Denkfertigkeiten zu beheben. 1974 gründete er das „Institute for the Advancement of Philosophy for Children" (IAPC) in Upper Montclair bei New York. Hier erstellte Lipman zusammen mit seinen Mitarbeitern ein Curriculum für den Philosophieunterricht an Grund- und weiterführenden Schulen. Grundlage dieser Unterrichtsmaterialien bilden Erzählungen für Kinder, denen Handbücher für Lehrkräfte beigelegt werden. In ihnen werden zentrale Fragestellungen und leitende Ideen der Texte erläutert.

Im deutschsprachigen Raum sind vor allem Lipmans „Pixi-Geschichten" und die Geschichten von Harry Stottlemeier bekannt geworden. In diesen werden sprachliche und logische Probleme behandelt. In einer Geschichte will z. B. das Mädchen Pixie bei einem Zoobesuch endlich einmal „das Säugetier" sehen. Mit Hilfe dieser Geschichte soll veranschaulicht werden, dass die biologische Klasse der Säugetiere nicht selbst wieder ein Tier ist. Die Geschichten, die unter dem Titel „Harry Stottlemeiers Entdeckung" erschienen sind, sind Aristoteles, der als Begründer der Logik gilt, verpflichtet. (Die Nähe ist bereits dem Namen „Harry Stottlemeier" zu entnehmen, der dem Namen Aristoteles, englisch: Aristotle, nachgebildet wurde.) Die Sammlung von Geschichten mit dem Jungen Harry im Zentrum beginnt mit folgender Denkaufgabe: Harry, im Unterricht etwas unaufmerksam, wird vom Lehrer gefragt, was sich alle 77 Jahre um die Sonne dreht und einen langen Schweif hat. Harry hat im Unterricht gerade soviel mitbekommen, dass sich Planeten um die Sonne bewegen. Deswegen gibt er als Antwort, es müsse sich um einen Planeten handeln. Eine Antwort, die allein deswegen schon falsch ist, weil Planeten keinen Schweif haben. Das, wonach der Lehrer Harry gefragt hat, ist ein Komet und nicht ein Planet. Um diesen inhaltlichen Fehler geht es Lipman in dieser Geschichte jedoch nicht. Es geht um Harrys Schlussfolgerung, die ihn zu seiner Antwort führte. Diese nahm ihren Ausgang von dem Satz, dass sich alle Planeten um die Sonne drehen. Diesen Satz „Alle Planeten bewegen sich um die Sonne" überführte er in den Satz „Alles, was sich um die Sonne dreht, ist ein Planet." In dieser Umkehrung liegt ein logischer Fehler. Und genau um dieses Problem der Umkehrung von All-Sätzen geht es Lipman in seiner Geschichte.

Wir haben dieses Beispiel etwas ausführlicher beschrieben, weil wir später, im Zusammenhang mit Walter Benjamin, noch einmal auf das Problem der Umkehrung von All-Sätzen zurückkommen wollen.[11]

Lipman und seine Mitarbeiter haben Geschichten für unterschiedliche Altersstufen entwickelt. Es gibt Geschichten für die ersten vier Klassen. Die Pixi-Geschichten und die Harry Stottlemeier Geschichten sind für etwa Zehn- bis Zwölfjährige konzipiert. Auch wenn in diesen Geschichten sprachliche und logische Probleme im Vordergrund stehen, sieht Lipman selbst, dass Philosophieren sich nicht in der Vermittlung von Denkfertigkeiten erschöpft. In einem Aufsatz „Über den philosophischen Stil von Kindern"[12], unterscheidet er zwischen „philosophischen", „nichtphilosophischen", „quasiphilosophischen" und „pseudophilosophischen" Gesprächen mit Kindern. Mit dieser Unterscheidung versucht er zu klären, was eigentlich ein Gespräch oder Denken (Platon: Denken ist Dialog mit sich selbst) zu einem philosophischem Gespräch oder zu philosophischem Denken macht. Drei charakteristische Elemente philosophischer Gespräche können herausgestellt werden:

Der Gegenstand

Mit Gegenstand ist dasjenige gemeint, worum es in dem Gespräch geht. Philosophie ist landläufig zuständig für Allgemeines und Grundsätzliches. Fragen nach Gott, nach Tod, Freiheit usw. werden zurecht als typisch philosophische Themen betrachtet. Diese Liste ließe sich natürlich deutlich verlängern. Nach Immanuel Kant lassen sich solche Themen auf drei Grundfragen zurückführen[13]:

- Was kann ich wissen?
- Was soll ich tun?
- Was darf ich hoffen?

Die Philosophie behandelt ihre Fragen nicht unter Ausschluss von Einzelwissenschaften wie z. B. der Physik, Biologie etc. Sie tritt im Idealfall mit den Einzelwissenschaften in einen intensiven Dialog. Aber sie stellt auch dort noch Fragen, wo es nicht mehr Aufgabe der Einzelwissenschaften sein kann, Antworten zu geben, weil diese nicht mehr in ihren Untersuchungs- und Gegenstandsbereich gehören.

Das Werkzeug

Werkzeug bezeichnet dasjenige, womit diese Fragen angegangen werden. Hierbei handelt es sich um die im Rahmen einer Denkschulung zu vermittelnden Denkfertigkeiten wie logische Schlussfiguren, Beweisverläufe, Begriffsanalysen, Verallgemeinerungen, Ableitungen vom Allgemeinen zum Besonderen und umgekehrt etc. Kommen wir nochmals auf den Philosophen Ludwig Wittgenstein zurück. In diesem Zusammenhang richten wir unser Augenmerk auf die Person Wittgensteins und nicht auf seine Philosophie. Wittgenstein war ein schwieriger Mitmensch. Menschen in seiner näheren Umgebung haben auf Probleme im privaten Umgang mit ihm hingewiesen. Einen Grund für diese Probleme beleuchtet folgendes Beispiel: Wittgenstein hat einmal die Bedeutung der Philosophie auch für nichtphilosophische Gespräche einem Freund gegenüber, der in Wittgensteins Augen Dummes über den britischen Nationalcharakter äußerte, unmißverständlich und wütend zum Ausdruck gebracht:

Was nutzt das ganze Philosophiestudium, wenn für Sie nichts dabei herauskommt als die Fähigkeit, halbwegs überzeugend über irgendeine Frage der Logik etc. zu reden, und wenn es Ihre Denkweise über die wichtigen Fragen des Alltags nicht verbessert, wenn es Sie beim Benutzen so gefährlicher Ausdrücke nicht gewissenhafter werden läßt als irgendeinen (...) Journalisten, der sie verwendet, wie er sie gerade braucht?[14]

Wittgenstein verlangt von seinem Gesprächspartner eine Genauigkeit im Denken auch jenseits philosophischer Fachgespräche. Jedoch: In alltäglichen Geprächssituationen bleibt oftmals Ungeklärtes stehen. Oberflächlichkeiten, Ungenauigkeiten und teils auch Widersprüchliches sind feste Bestandteile alltäglicher Gesprächssituationen. Diese erlauben es, gewissermaßen „zurückgelehnt" zu reden. Der Umgang mit Wittgenstein hätte sich sicherlich einfacher gestaltet, hätte er nicht in jeder Situation solch hohe Qualitätsstandards des Denkens eingefordert. Nach dieser oben geschilderten Auseinandersetzung erkaltete jedenfalls der persönliche Kontakt zwischen den Freunden über Monate empfindlich. Dennoch ist es eine richtige Forderung, die am Anfang der Überlegungen Lipmans zur Kinderphilosophie steht, dass auch jenseits der Philosophie eine bestimmte Kunstfertigkeit im Umgang mit Rede und Gegenrede bestehen sollte. In philosophischen Gesprächen muss aber in jedem Fall das Werkzeug bekannt sein und in seinem Umgang muss eine gewisse Fertigkeit vorausgesetzt bzw. angestrebt werden.

Der Hintergrund

Hintergrund meint das Klima und das Selbstverständnis, in dem ein Gespräch geführt wird. Lipman spricht von einem selbstbestimmten Dialog. Er sieht die Gruppe, die Klasse als eine Untersuchungsgemeinschaft, in der gemeinschaftlich auf der Grundlage des selbsttätigen Denkens jedes Einzelnen philosophiert wird.

Nichtphilosophische Gespräche sind nach Lipman der bloße Austausch von Meinungen oder Erfahrungen. Sie unterscheiden sich von philosophischen Gesprächen dadurch, dass die drei Elemente philosophischer Gespräche nicht oder nur in geringem Maße vorhanden sind. In einem Gespräch können z. B. philosophische Inhalte berührt werden, aber das Werkzeug, mit dem diese Inhalte besprochen werden, genügt den philosophischen

Ansprüchen nicht. Es handelt sich dann um Erzählen, Schwärmerei, Glauben oder ähnliches, nicht aber um Philosophieren, das sich mit einem Vernunftinstrumentarium auf „Wahrheit" verpflichtet. Oder es stehen in einem Gespräch die Denkfertigkeiten und die Ausbildung dieser Fertigkeiten im Vordergrund, während die Inhalte demgegenüber eine nur untergeordnete Rolle spielen und im Grunde nur das Material für Denkübungen darstellen. Auch dann liegt allenfalls ein quasiphilosophisches Gespräch vor.

Durch ihre Zentrierung auf begrifflich-logische Problemfelder laufen Lipmans Erzählungen und Lehrerhandbücher selbst Gefahr, bloß als quasiphilosophische Gespräche gesehen zu werden.[15] Hierfür sind insbesondere folgende drei Aspekte ausschlaggebend:

Erstens reagiert Lipman mit seinem Philosophieprogramm für Kinder auf von ihm erfahrene Defizite im amerikanischen Bildungswesen. Das betrifft insbesondere die Zentrierung auf die Denkschulung. Die amerikanischen Verhältnisse können aber nicht ohne weiteres auf hiesige Verhältnisse übertragen werden. Es ist bezeichnend, dass das ursprünglich auf das Schulsystem der USA zugeschnittene Programm von Lipman, das seit den 80er Jahren weltweit Verbreitung fand, in Deutschland stärker im außerschulischen Bereich Fuß fasste. Defizite, die Lipman in der schulischen Ausbildung in Amerika gesehen hat, werden hierzulande im Rahmen anderer Fächer wie z. B. Deutsch und Mathematik schon länger behandelt.

Zweitens sind Lipman und seine Mitarbeiter einem gewissen Erfolgs- und Rechtfertigungsdruck ausgesetzt: Um Philosophie für Kinder im Rahmen des Bildungswesens zu institutionalisieren, müssen auch Dritte von diesem Vorhaben überzeugt werden. Darüber hinaus ist das IAPC auf private Stiftungsgelder angewiesen. Auch in diesem Zusammenhang muss Überzeugungsarbeit geleistet werden. Hierzu bietet sich die Betonung der Denkschulung an. Der Versuch, die Nützlichkeit des Philosophierens mit Kindern im Rahmen empirischer Erhebungen dadurch nachzuweisen, dass die Denkschulung auch in anderen Bereichen (z. B. Lesen und Rechnen) die Leistungsfähigkeit von Kindern steigert, ist vor dem Hintergrund dieses Rechtfertigungsdrucks zu sehen. Zwar wird auch auf positive Auswirkungen in Bezug auf kindliches Sozialverhalten hingewiesen. Für die „Vermarktung" von Kinderphilosophie eignet sich aber vor allem der Hinweis auf eine gesteigerte Leistungsfähigkeit, die marktkonform entwickelt ist.

Schließlich wird drittens wegen der angestrebten Verschulung und weiteren Verbreitung eine gewisse Standardisierung notwendig. Diese ist sicherlich im Rahmen der Vermittlung formallogischer Denkfertigkeiten leichter zu erreichen als im Rahmen des Nachdenkens über philosophische Inhalte und der Vermittlung sozialer Fähigkeiten.

So ist die Denkschulung ein wesentlicher Bestandteil des Programms der Philosophie für Kinder. Ob die „Kunst des Philosophierens" vermittelt werden könne, ist sich Lipman nicht sicher. Er will aber Situationen schaffen, die Kinder zum Philosophieren einladen.

2.1.1 Können Kinder richtig denken?

Überlegungen zum Philosophieren mit Kindern setzen sich immer wieder der Kritik aus, Kinder seien mit Philosophie überfordert. Auch unter Philosophen wird das Philosophieren mit Kindern kontrovers diskutiert. Der Kritik der Überforderung von Kindern auf der einen Seite steht die Kritik der Unterforderung der Philosophie gegenüber. Als strenger, hoch abstrakter und methodisch vorgehender Geistestätigkeit wird der Philosophie von einem Teil der Philosophenzunft jeder Bezug zu kindlichem Denken abgesprochen.

Ob nun aus philosophischer oder aus nichtphilosophischer Sicht: In beiden Fällen steht hinter der Kritik die Behauptung, dass Kinder nicht philosophieren können. Wie aber ist diese Behauptung zu verstehen? Kehren wir nochmals kurz zu den „quasiphilosophischen" Gesprächen zurück. Wie gesehen, bestehen in diesen entweder inhaltliche und/oder logische und argumentative Defizite. Die Unfähigkeit von Kindern zu philosophischem Denken kann dementsprechend in zweierlei Hinsicht gemeint sein:

1. Kinder sprechen von sich aus philosophische Inhalte nicht an. Sie interessieren sich nicht für philosophische Fragestellungen. Kurz: Kinder *wollen* nicht philosophieren. Aber auch wenn sie solche Inhalte ansprechen: Intellektuell sind sie nicht in der Lage, schwierige abstrakte Themen zu erfassen. Mit ihnen dennoch philosophische Gespräche zu führen, bedeutet, sie zu überfordern.

2. Kindliches Denken ist nicht in der Lage, die begrifflichen und logischen Regeln anzuwenden.

Der Unfähigkeit im ersten genannten Sinn wollen wir uns erst im nächsten Kapitel zuwenden. Der Unfähigkeit in der zweiten Bedeutung soll im Zusammenhang mit Lipman nachgegangen werden. Sind also Kinder in der Lage, das Werkzeug, das zum Philosophieren notwendig ist, zu erlernen und zu handhaben? Lipman selbst gibt eine klare Antwort auf diese Frage:

Von dem Augenblick an, wo Kinder beginnen, eine Sprache zu erlernen, beginnen sie gleichzeitig auch, sich die Grammatik und die Logik anzueignen, die für den richtigen Gebrauch der Sprache notwendig ist. Man sagt z. B. zu einem Kind, das gerade angefangen hat zu sprechen: „Wenn es heute Abend schneit, dann wird morgen am Zaun Schnee liegen." Am nächsten Tag

schaut das Kind aus dem Fenster und murmelt: „Kein Schnee.
Also hat es letzte Nacht auch nicht geschneit.[16]

Bevor Kinder zu sprechen beginnen, haben sie bereits erste
wichtige Entwicklungsschritte in der Motorik, in der Wahrnehmung, im Denken und im sozialen Umgang absolviert. Der
Spracherwerb von Kindern beginnt gewöhnlich damit, dass sie
aus den sie umgebenden Reden und Gesprächen einzelne Worte
isolieren, diese mit Bedeutungen versehen und nachsprechen.
Mit etwa anderthalb Jahren erreichen Kinder die sogenannte
50-Wörter-Marke. Ab dann erlernen sie deutlich schneller
neue Worte, mit denen sie ihre Umgebung und ihre Erfahrungen benennen und kategorisieren. In etwa diese Zeit fallen auch
die ersten Zwei- und Dreiwortkombinationen von Kindern sowie die Ablösung des Gesprochenen von der konkreten Hand-
lungssituation. Bereits im Alter von vier Jahren beherrschen
Kinder die wesentlichen Satzkonstruktionen ihrer Mutterspra-
che, auch wenn sich die grammatikalische Kompetenz danach
noch weiter ausbaut. Das bis dahin implizite Wissen über
sprachliche Formen (der richtige Gebrauch) wird in explizites
Wissen (bewusster Einsatz) überführt.

Wenn Kinder sprechen, schreiben sie Dingen Eigenschaften
zu; sie bilden Ober- und Unterbegriffe; sie bilden Wenn-Dann-
Beziehungen; sie ziehen Schlüsse; sie stellen Behauptungen auf;
sie widerlegen Behauptungen; sie geben Beispiele usw. In der
Verknüpfung von Worten und Sätzen sind nicht nur grammatikalische, sondern auch logische und begriffliche Beziehungen
gesetzt. So ist davon auszugehen, dass Kinder etwa im Alter
von vier Jahren – wenngleich sie sich in der Regel keine Rechen-
schaft darüber geben können – grundlegende Denkfähigkeiten
beherrschen.

Als untere Grenze des Philosophierens mit Kindern kann
also etwa ein Alter von vier Jahren festgelegt werden. Dies darf

aber nicht so verstanden werden, dass es zwischen dem Philosophieren von Kindern im frühen Alter und dem Philosophieren von Jugendlichen und Erwachsenen keine Unterschiede gibt. Philosophieren mit Kindern muss den altersspezifischen Möglichkeiten und Fähigkeiten kindlichen Denkens angemessen sein. Ziehen wir nochmals Piagets Überlegungen zu Rate. Mit seiner Entwicklungstheorie hat Piaget gerade die Eigenheiten kindlichen Denkens herausgearbeitet: Summarisch betrachtet beschreibt Piaget die Entwicklung des Denkens als den Weg vom Konkreten zum Abstrakten, von dem Gegebenen, dem Greif- und Sichtbaren zu dem nur gedanklich Vorgestellten. Deutlich werden hier die Wurzeln jeglichen Denkens in der Wahrnehmung. Mag das Denken Erwachsener von der Anschauung auch unabhängiger als das der Kinder sein, so verlangen auch wir Beispiele, die uns einen Sachverhalt verdeutlichen können. Wir be-greifen etwas. Wir sehen etwas ein. Die Sprache selbst erinnert uns an die Grundlagen des Denkens.

Kinder werden überfordert, wenn ihre Fähigkeit zu abstrahieren, logische Probleme zu lösen etc. überschätzt wird. Auch zeigt sich ein durchaus eingeschränktes Interesse von Kindern an Abstraktionen und logischen Problemen. Praktisches Philosophieren mit Kindern muss sich an diesem Tatbestand messen lassen. Philosophieren mit Kindern setzt sich beständig den denkbar schärfsten Kritikern aus, Kritikern, die ihre Meinung völlig undiplomatisch äußern. Es wird mit Unaufmerksamkeit, Desinteresse oder auch deutlich geäußerter Ablehnung seitens der Kinder gestraft.

Welche obere Altersgrenze umfasst aber die „Kinderphilosophie"? Häufig werden von Kinderphilosophen hierzu keine Angaben gemacht. Folglich werden das Philosophieren mit Kindern und Philosophieren mit Jugendlichen nicht klar unterschieden. Durch eine eher großzügige Eingrenzung besteht aber die Gefahr, den spezifisch kindlichen Anforderungen eines Philosophierens nicht gerecht zu werden. Anhand dreier Kriterien lässt sich zeigen, dass sich das Philosophieren mit Kindern auf die Altersgruppe der Vier- bis Zehn-/Elfjährigen bezieht: Der Übergang zur formal-operativen Phase (Piaget), die einsetzende Pubertät, und als äußerliches Merkmal der Wechsel von der Grund- in die weiterführenden Schule. Erst diese enge Umgrenzung ermöglicht es, gezielt und konzentriert die spezifischen Anforderungen eines Philosophierens mit Kindern zu bedenken.

2.1.2 Sokrates – Ein Lehrer, der nichts lehrt

Lipman ist in seinem Ansatz der Kinderphilosophie von dem amerikanischen Philosophen John Dewey (1859–1952) beeinflusst. Dieser hatte durch seine Überlegungen zur Demokratie und Erziehung nachhaltigen Einfluss auf das amerikanische Erziehungswesen ausgeübt. Auf eine weitere Quelle für Lipmans Vorstellungen verweist bereits rein äußerlich die Dialogform der von Lipman verfassten Geschichten. Das Vorbild für diese Form bilden Platons Dialoge. In den platonischen Dialogen diskutiert Sokrates mit wechselnden Gesprächspartnern (hin und wieder auch mit Kindern) verschiedenste Themen. Dem Philosophen Sokrates wollen wir uns im Folgenden zuwenden.

Sokrates lebte von ca. 469 bis 399 v. Chr. in Athen. In der Mitte des 5. vorchristlichen Jahrhunderts bildete sich unter Perikles eine Demokratie, in der die Herrschaft des Volkes, genauer: der Bürger, weitgehend verwirklicht wurde. Die zentralen Grundsätze dieser Demokratie waren zum einen, dass alle politischen Entscheidungen möglichst aufgrund öffentlicher Diskussionen gefällt werden sollten, und dass zum anderen die Bürger Athens weit möglichst an der Politik beteiligt sein sollten.[17] Der Bildungsbedarf für diese Demokratie war sehr hoch: Die Bürger sollten in Rede und Gegenrede in öffentlichen Versammlungen ihre Ansichten vertreten und für den Fortbestand und die Entwicklung des Stadtstaates (Polis) Athen wichtige politische (das heißt die Polis betreffende) Entscheidungen treffen können. Neben der damals bestehenden schulischen Grundausbildung der Bürger übernahmen zu dieser Zeit die sogenannten Sophisten eine zusätzliche Bildungsfunktion. Die Sophisten waren die ersten Profis unter den Philosophen, denn sie boten ihre Dienste, das sind vor allen Dingen rhetorische Fähigkeiten, gegen Bezahlung denjenigen Menschen an, die selbst weniger elegant zu formulieren wussten und vor Gericht zu erscheinen hatten. Alle Sophisten waren von der Erziehbarkeit und Formbarkeit des menschlichen Geistes überzeugt. Damit stehen sie am Anfang der Pädagogik.

Sokrates gehörte zu dieser Gruppe von Personen, unterschied sich aber bereits dadurch von den übrigen Sophisten, dass er kein Geld für seine Lehrtätigkeit nahm. Stattdessen trieb er sich auf der Agora (dem Marktplatz) in Athen herum und verwickelte seine Zeitgenossen in Gespräche. Erst mit fünfzig Jahren heiratete er Xanthippe. Diese hat den Ruf der zänkischen Ehefrau, die immer nur nervte und ihrem Mann dauernd mit Vorschriften das Leben schwer machte. Dieser Ruf besteht zu Recht. Allerdings muss gesehen werden, dass Xanthippe sich um die geschäftlichen Belange und die Kinder sorgen musste, während ihr Mann in der Öffentlichkeit als Philosoph auftrat und damit kein Geld verdiente.

Das Gespräch war seine Form des Philosophierens und Philosophie zu vermitteln. Sokrates selbst hat nichts niedergeschrieben. Auskunft über sein Wirken geben vor allem Platons frühe Schriften. Die Gesprächsorientierung des Sokrates versuchte er in der Dialogform seiner Schriften aufzubewahren. Der Sokrates, wie er uns in diesen Dialogen entgegentritt, gilt bis heute als Vorbild und Urtypus des Philosophen. Anhand dreier zentraler Aspekte des Auftretens und Vorgehens von Sokrates wollen wir im Überblick das Besondere des sokratischen Philosophierens vorstellen und zugleich daraufhin untersuchen, inwieweit es Grundlage für das Philosophieren mit Kindern sein kann.

Sokratisches Nichtwissen

Wie wohl jeder schon mal den pythagoreischen Satz $a^2 + b^2 = c^2$ gehört hat, so gehört auch die Feststellung des Sokrates „Ich weiß, dass ich nichts weiß" zur Allgemeinbildung. Was aber bedeutet es, wenn Sokrates dies von sich behauptet? Sokrates wusste sicherlich viel: Der Überlieferung nach soll er, wie sein Vater, den Beruf des Steinmetz eine zeitlang ausgeübt haben. Dann wusste er doch mit dem Werkzeug des Steinmetz umzugehen. Auch vertrat er ethische Überzeugungen wie z. B., dass Unrecht leiden besser sei als Unrecht tun. Was also ist mit diesem zur Schau gestellten Nichtwissen gemeint?

In den platonischen Dialogen tritt Sokrates in der Regel als Fragender und nicht als Befragter in Erscheinung. Antworten sind seine Sache nicht. Es geht ihm offensichtlich nicht darum, Lehrmeinungen zu vertreten. Vielmehr stellt Sokrates dasjenige in Frage, was als Wissen geäußert wird. Wenn etwas tatsächlich gewusst wird, so müsse es auch im Gespräch vertreten werden können. Es muss begründet werden können, Argumente müssen angeführt werden können.

Mit diesem Wissen über Wissen wurde Sokrates zum Proto- und Urtyp des Philosophen und Wissenschaftlers, der im Gespräch, also argumentativ und folglich der Vernunft gehorchend, nach Wissen sucht. Der Weg zum Wissen führt über rationale Argumente, die jedem zugänglich sind bzw. sein sollen und kein Geheimwissen darstellen. Sokrates sah seine Aufgabe nicht darin, inhaltliches Wissen zu vermitteln, sondern als jemanden, der anderen hilft, Wissen zu erlangen.

> Philosophie ist immer auch der Versuch,
> Vernunft in die Welt zu bringen.

Sobald begriffliche Klarheit bei seinem Gesprächspartner erreicht ist, so meint Sokrates, kann dieser nicht anders als erkenntnisgemäß handeln. Erkenntnisgemäß handeln heißt für ihn: gemäß der Einsicht in das sittlich Gute zu handeln. Hier zeigt sich der *ethische Optimismus* von Sokrates, der für seine Tätigkeit als Psychagoge (Seelenführer) und Pädagoge (Knabenführer) die antreibende Kraft darstellt: Niemand kann wissentlich Böses tun. Wissen und Tugend sind eins. Wenn der Mensch ein tugendhaftes Leben führt, handelt er im Einklang mit seiner innersten Natur und ist dadurch glücklich. Kurz: die Glückseligkeit (eudaimonía) wird allein durch Wissen erreicht.

> Mit Blick auf das Philosophieren mit Kindern zeigt sich hier bereits ein kritischer Aspekt: Die Konzentration auf ausschließlich sprachlich-abstrakte Begriffsarbeit im Gespräch läuft schnell Gefahr, Kinder zu überfordern.

Andere unterstützende Zugänge wie z. B. Spiele, Lieder oder auch Zauberei, werden unter dieser Voraussetzung eher stiefmütterlich behandelt. Wir haben aber bereits darauf hingewiesen, dass kindliches Denken in besonders starkem Maße an anschaulich Gegebenem gebunden bleibt. Geeignete Zugänge zu einem Philosophieren mit Kindern zu finden, ist darum selbst schon ein wichtiger Bestandteil des Philosophierens mit Kindern. Dieser Zugang scheint aus sokratischer Sicht zwar nicht verschlossen. Es fehlt aber jegliche Unterstützung in dieser Hinsicht.

Sokratische Hebammenkunst

Wie führt Sokrates andere zum Wissen, wenn er selbst keine
Wissensinhalte lehrt? Als „Lehrer, der nichts lehrt"[18] hat er die
Geburtshilfe (Maieutik) in die Pädagogik eingeführt. Sokrates
verglich sein Vorgehen selbst mit der Tätigkeit einer Hebamme.
Er trägt für gebärende Seelen Sorge. Er hilft seinen Gesprächspartnern, Wissen zu erlangen. Er tut dies aber nicht durch Beleh-
rung, sondern durch Fragen. Der Philosoph Hans-Georg Gadamer fand folgende Worte:

> *Die Dialogform dient der ständigen Vergewisserung über das
> Mitgehen des Anderen in der sachlichen Erschließung (…) In
> der historischen Situation Platos liegt es begründet, daß Wissen
> nicht mehr als weise Verkündigung der Wahrheit möglich ist,
> sondern sich in der dialogischen Verständigung, also in der
> grenzenlosen Bereitschaft zur Rechtfertigung und Begründung
> alles Gesagten bewähren muß.*[19]

Dennoch liegt in dieser Betrachtung der negative Kern des sokratischen Philosophierens (mit Kindern): Das von Gadamer
beschriebene Mitgehen ist häufig genug kein Nebeneinander-
hergehen, sondern ein Geführtwerden. Mit der permanenten
Rechtfertigung[20] seiner Gedanken vor Sokrates, mit der permanenten Zuteilung der Redeerlaubnis ist dem jeweiligen Gesprächspartner die Gleichberechtigung genommen.

Auch als Fragender ist Sokrates in den Dialogen derjenige,
der das Gespräch führt und lenkt. Die Fragen des Sokrates
sind gezielt, er sieht das Scheitern der Antwortversuche seiner
Gesprächspartner bereits voraus. Die Fragestellungen sind inhaltlich oft so voraussetzungsvoll, dass seinen Gesprächspartnern häufig nichts anderes übrigbleibt, als den Überlegungen
des Sokrates zuzustimmen. An folgender Passage lassen sich

die bisher ausgeführten Überlegungen belegen. Sie stammt aus dem Dialog „Phaidon"[21]. Es kommt uns bei diesem Beispiel nicht darauf an, ob die in diesem Gespräch behandelte Theorie der Wiedererinnerung oder ob die Annahme der Unsterblichkeit der Seele zutreffen oder nicht. Wichtig allein ist die Gesprächs*führung* des Sokrates.

> Sokrates: Was wählst du nun, mein Simmias? Dass wir im Besitze des Wissens geboren werden oder dass wir uns später wiedererinnern an das Wissen, das wir früher empfangen haben?
>
> Simmias: Ich kann mich, Sokrates, im Augenblick nicht entscheiden.
>
> Sokrates: Wie aber? Kannst du dich über folgendes entscheiden und wie denkst du darüber? Kann ein über Kenntnisse gebietender Mann über diese sein Kenntnisse auch Rechenschaft geben oder nicht?
>
> Simmias: Das muss er jedenfalls können, mein Sokrates.
>
> Sokrates: Scheinen dir nun alle Menschen imstande zu sein, über das Rechenschaft zu geben, wovon unsere jetzige Untersuchung handelt?
>
> Simmias: Ich wünschte es wohl; (…)
>
> Sokrates: Also du meinst, dass nicht alle Menschen darüber sicher Bescheid wissen?
>
> Simmias: Durchaus nicht alle.
>
> Sokrates: Also erinnern sie sich nur dessen wieder, was sie einst wußten?
>
> Simmias: Unzweifelhaft.
>
> Sokrates: Wann aber empfingen unsere Seelen die Kenntnis davon? Doch nicht seitdem wir Menschen geworden sind?
>
> Simmias: Nein.
>
> Sokrates: Also früher.
>
> Simmias: Ja.

Sokrates: Es kam also, mein Simmias, den Seelen schon vorher ein Dasein zu, ehe sie Menschengestalt annahmen, und zwar ein körperloses, rein geistiges.

Simmias: Ja; es müßte denn sein, daß wir diese Kenntnisse mit der Geburt empfangen, denn das ist die einzige Zeit, die noch übrig bleibt.

Sokrates: Gut, mein Freund. Aber in welchem Zeitpunkt verlieren wir sie denn? Etwa, in einem anderen als eben diesem? Denn wir kommen doch, wie eben zugestanden, nicht im Besitze derselben auf die Welt. Oder verlieren wir sie in dem Augenblick, in dem wir sie empfangen? Oder kannst du sonst eine Zeit nennen?

Simmias: Nein, ganz und gar nicht, mein Sokrates, sondern ich merkte nicht, daß es eine alberne Bemerkung war, die ich machte.[22]

Haben Sie das verstanden? Nein? Dann geht es Ihnen so wie uns, und wohl auch wie Simmias, dem nichts anderes übrig bleibt, als verwirrt und entnervt die eigene Dummheit zuzugeben.

Sokrates führt. Sokrates lenkt das Gespräch. Sokrates kommt es zu, die Antworten seines Gegenübers zu beurteilen. So heißt es im Dialog „Theätet"[23] über die pädagogische Hebammenkunst ausdrücklich: „Das größte aber an unserer Kunst ist dieses, dass sie imstande ist zu prüfen, ob die Seele des Jünglings Mißgestaltetes und Falsches zu gebären im Begriff ist; oder Gebildetes und Echtes."

Diese Hinweise sollen genügen, um aufzuzeigen, dass es sich bei den sokratischen Dialogen, wie sie in den platonischen Schriften überliefert sind, oft gerade nicht um Gespräche von Gleich zu Gleich handelt.

Sokrates erhält als Reaktion auf seine kritischen Anmerkungen und Fragen häufig ein „Ja, beim Zeus". Bei näherer Betrachtung der Dialoge drängt sich der Eindruck auf, dass die Zustimmung des Gesprächspartners nicht immer darauf schließen lässt, dass er etwas eingesehen oder entdeckt hat. Vielmehr scheint es, dass einige Gesprächspartner durch die Fragestellungen des Sokrates einfach überfordert oder verwirrt waren. „Ja, beim Zeus" heißt dann nichts anderes als „Lass es gut sein Sokrates; es reicht jetzt."

Wenn dieser Eindruck schon bei den meist Jugendlichen und Erwachsenen Gesprächspartnern des Sokrates entsteht, um wieviel größer ist die Gefahr, dass Kinder durch komplexe, voraussetzungsvolle oder einfach suggestive Fragestellungen gelenkt und überfordert werden.

Sokratische Ironie

Dass es jetzt reiche mit der „Sokratisiererei" haben sich damals eine Reihe von Athenern gesagt. Dies führte letztendlich dazu, dass Sokrates angeklagt wurde, die Götter nicht zu ehren und die Jugend zu verderben. In Platons Verteidigungsschrift „Die Apologie des Sokrates" wird die Gerichtsverhandlung überliefert. Betrachtet man die Verteidigungsrede des Sokrates, so hat er sich insbesondere bei der Zumessung des Strafmaßes schlecht verteidigt. Sokrates wurde zum Tode durch den Schierlingsbecher (Gifttrunk) verurteilt. Wir wollen in diesem Zusammenhang nicht der Frage nachgehen, ob Sokrates schuldig im Sinne der Anklage war. Innerhalb der Philosophiegeschichte ist dies jedenfalls umstritten. Unabhängig davon hat Sokrates durch seine Art einiges dazu beigetragen, dass er persönlichen Anfeindungen ausgesetzt war. Beigetragen hat hierzu vor allem die berühmt berüchtigte sokratische Ironie.

Ironie war für Sokrates ein zentrales Mittel, um seine Gesprächspartner dahin zu bringen, an ihren Meinungen und Ansichten zu zweifeln und somit ihr Wissen in Frage zu stellen. Das ironische Vorgehen bestand zum einen darin, dass Sokrates, unter Hinweis auf sein Nichtwissen, penetrant nachfragte. Zum anderen setzte er aber auch genau die gegenteilige Methode ein, indem er Ansichten seiner Gesprächspartner in solch übertriebener Art und Weise zustimmte und diese auf die Spitze trieb, dass seine Gesprächspartner verunsichert wurden und sich genötigt sahen, ihre Meinung selbst in Frage zu stellen. An einigen Stellen der Dialoge ist leicht erkennbar, dass sich Gesprächspartner von Sokrates nicht ernst genommen fühlten und aggressiv reagierten. Ironie hat etwas Gefährliches und kann eine zersetzende Kraft entfalten. Genau dies aber war von Sokrates beabsichtigt: Er wandte sich mit seiner Ironie gegen allzu vorschnelles Einrichten seines Gegenübers in den eigenen Ansichten. Sie erzwingt beim Gesprächspartner Distanz zu den eigenen Ansichten und Meinungen.

> Im Umgang mit Kindern ist Ironie völlig ungeeignet: Entweder bleiben ironische Äußerungen für Kinder schlicht unverständlich oder sie werden durch Ironie verunsichert und geängstigt. Auch in dieser Hinsicht zeigt sich ein deutlicher Unterschied zwischen sokratischer Philosophie und Kinderphilosophie.

Fassen wir unsere Überlegungen zusammen: Werden zentrale Aspekte sokratischen Philosophierens im Hinblick auf ihre Tauglichkeit für das Philosophieren mit Kindern untersucht, zeigt sich, dass sie als Grundmodell des Philosophierens mit Kindern *nicht* oder nur sehr bedingt geeignet sind: In der ausschließlichen Konzentration auf sprachlich-logische Begriffsarbeit im Rahmen von Gesprächen besteht die Gefahr nicht-kindgemäßen Philosophierens. Der Einsatz von Ironie als Mittel, um Distanz zu schaffen und eine Selbstprüfung in Gang zu setzen, ist im Rahmen von Kinderphilosophie schlicht ungeeignet. Ambivalent ist hingegen der Einsatz der pädagogischen Hebammenkunst zu beurteilen. Der Göttinger Mathematiker und Philosoph Leonard Nelson (1882–1927) knüpfte in den 20er Jahren des vorigen Jahrhunderts an die sokratischen Dialoge an und entwickelte die Sokratische Methode als Lehrmethode für seine Studenten zur Vermittlung und Begründung von Vernunftwahrheiten.[24] Folgende drei zentrale Aspekte der sokratischen Methode können benannt werden, die Nelson – anknüpfend an die pädagogische Hebammenkunst des Sokrates – entwickelte:

1. Anknüpfung an den alltäglichen Erfahrungshorizont
Das Gespräch nimmt seinen Ausgang von konkreten Situationen und Erfahrungen. Gerade wegen dieses Bezuges zur alltäglichen Erfahrungswelt ist dieses Vorgehen für das Philosophieren mit Kindern interessant.

2. Zurückfragen
Aus Meinungen und Urteilen, die im alltäglichen Leben geäußert werden, wird durch Nachfragen der Weg zurück zu allgemeineren Urteilen und Voraussetzungen genommen. Was eigentlich meint man genau, wenn man dieses oder jenes äußert? Was setzt man voraus, wenn dies so oder so beurteilt wird? Es geht nicht um Wissenserweiterung im Sinne des Lernens neuer Fakten, sondern um das Bedenken des eigenen Denkens, das heißt, um das Bedenken der Voraussetzungen der eigenen Urteile. Es geht um Klärung und Selbstaufklärung. Bereits Kant schrieb in seiner Pädagogik zum sokratischen Verfahren, das er als geeignetes Verfahren für die Ausbildung der Vernunft betrachtete: „Doch muß man überhaupt dahin sehen, daß man nicht Vernunfterkenntnisse in sie hineintrage, sondern dieselbe aus ihnen heraushole."[25] Dieses Vorgehen verlangt eine ausgeprägte Abstraktionsleistung. Die Motivationskraft solcher Abstraktionen für Kinder sollte nicht überschätzt werden. Zwar scheint dieses Vorgehen an die „Fragewut" von Kindern anzuschließen. Für Kinder steht

aber sicherlich häufiger Wissen über die Welt und nicht Wissen über ihr Wissen über die Welt im Vordergrund des Interesses.

3. Wahrheitsorientierung

Im Gespräch müssen alle Gesprächsteilnehmer am Begriff der Wahrheit orientiert sein. Es geht nicht darum, sich vor anderen zu produzieren, sie zu beeindrucken oder ihnen gar Unsinn zu erzählen. Voraussetzung ist die Bereitschaft, eigene Urteile, Ansichten und Meinungen ernsthaft zu prüfen.

Die Gefahr, das Gespräch auch inhaltlich zu beeinflussen, die eigene Richtung den Gesprächsteilnehmern nahezulegen, besteht vor allem beim Gesprächsleiter. Dieses Problem hat sich bereits bei den sokratischen Dialogen gezeigt. Zusammenfassungen geben, auf den Punkt bringen, Zuspitzen etc. bedeuten immer auch Lenkung, bedeuten, dem Gespräch eine Richtung geben. Auf die Gefahr der Überforderung und Suggestion vor allem auch im Gespräch mit Kindern haben wir bereits hingewiesen. Den Einfluss des Leiters schlichtweg zu leugnen, wie dies Nelson tat, ist aus heutiger Sicht als naiv zu bezeichnen.

Die sokratische Methode als eine Technik der Gesprächsführung ist auch im Rahmen der Kinderphilosophie geeignet, philosophische Fragestellungen aufzuspüren und diesen nachzugehen. Sokrates fordert eine Haltung des Selbstdenkens, des kritischen Prüfens ein. Dies kann als Leitidee auch im Rahmen der Kinderphilosophie wirksam werden. Ungeeignet an der sokratischen Methode für die Kinderphilosophie ist allerdings die Haltung Kindern gegenüber, wie sie sich in den sokratischen Dialogen andeutet.

Um die geeignete Haltung kindlichem Denken gegenüber geht es im folgenden Kapitel.

2.2 Erzähl doch mal! – Haltungstheoretische Ansätze

Die Rolle der Gesprächspartner des Sokrates, speziell des Sklavenjungen im „Menon", wurde zugespitzt als die einer „Experimentiermaus"[26] beschrieben. Mäuse und Ratten werden als Versuchstiere in Laboratorien systematisch manipuliert, um anschließend die Auswirkungen der Fremdeingriffe zu beobachten. Im Science-fiction-Roman „Per Anhalter durch die Galaxis"[27] kehrt der Autor Douglas Adams die Beobachtungssituation um: In seiner Beschreibung beobachten Labormäuse und Ratten die Menschen, wie diese sie im gleichen Moment beobachten. Dieser Wechsel der Rollen ist ein für unseren Zusammenhang interessanter Ansatz: Nicht Sokrates allein sollte derjenige sein, der das Gespräch leitet. Vielmehr könnte, ja sollte sich gleichzeitig auch Sokrates durch seine Gesprächspartner leiten lassen. Dieser Rollenwechsel steht im Vordergrund der Überlegungen von Gareth B. Matthews.

Matthews, geb. 1929, Professor für Philosophie an der Universität von Massachusetts in Amherst, USA, gehört neben Lipman zu den international bedeutendsten Vertretern der Kinderphilosophie. Ausgangspunkt für Matthews ist seine Lehrtätigkeit an der Universität. Um seinen Studenten Philosophie nahe zu bringen, verfiel er darauf, nachzuweisen, dass ihnen Philosophie nichts Fremdes sei, sondern dass sie vielmehr als Kinder schon philosophiert hätten. Dieses selbstverständliche Philosophieren sei erst im Laufe der Kindheit durch äußere Einflüsse zurückgedrängt worden. Die Erkenntnis über diesen Verlust an Selbstverständlichkeit führe dazu, die Haltung Erwachsener gegenüber Kindern und damit zugleich das Selbstverständnis der Erwachsenen in Frage zu stellen.

Folgendes Zitat enthält die zentralen Aspekte des Ansatzes von Matthews:

Viel von dem, was wir Erwachsenen Kindern erzählen, ist mindestens höchst fragwürdig und verdient angezweifelt zu werden. Und doch nehmen wir Erwachsenen die Herausforderung eines Kindes nicht an, sondern kontern mit einem gereizten „Komm, du weißt schon, was ich meine!" Wie einschüchternd, wie unfair, wie abstumpfend kann diese Ungeduldsreaktion sein! Wenn wir nur innehielten, um ernsthaft und ehrlich nachzudenken, würde uns klar werden, dass uns wirklich oft genug nichts klar war, wovon man sagen könnte, wir hätten es gemeint.[28]

Deutlich werden zwei eng miteinander verwobene Überlegungen:

1. Äußerungen und Fragen von Kindern sollen ernst genommen werden. Kinder müssen als gleichberechtigte Gesprächspartner anerkannt werden. Ihr Denken darf nicht vorab als kindlich im Sinne von noch nicht entwickelt betrachtet werden. Matthews setzt sich darum intensiv mit der Entwicklungspsychologie und hier vor allem mit Piaget auseinander. Gerade in diesem theoretischen Ansatz sieht er die Gefahr, dass kindliches Denken gewissermaßen unter Vorbehalt betrachtet wird. Kinder denken so oder so, stellen diese oder jene Fragen, weil sie Kinder sind, und nicht weil sie vielleicht einen wichtigen Aspekt ansprechen.

2. Dieser Vorbehalt, und das ist die zweite Überlegung von Matthew, ist in gewisser Weise für uns Erwachsene sehr entlastend. Dadurch entheben wir uns der Mühe der inhaltlichen Prüfung und somit auch der Gefahr, unser eigenes Denken, bzw. die Ergebnisse unseres Denkens in Frage stellen zu müssen. Oder anders: Wir nehmen uns die Chance, durch kindliches Denken und Fragen unser eigenes Denken zu bereichern. Durch die so veränderte Betrachtung der Rollen wird Sokrates, „der Lehrer, der nichts lehrt", zum Lehrer, der nicht hört bzw. nicht fähig ist zu hören. Sokrates fordert eine bestimmte Haltung sich

selbst gegenüber – gefordert ist aber auch eine andere Haltung gegenüber dem Gesprächspartner.

2.2.1 Zuhören will gelernt sein!

Die Bereicherung durch Kinderfragen und -aussagen besteht gerade darin, dass verfestigte Meinungen der Erwachsenen in Frage gestellt werden können. Man denke nur an das Märchen von des Kaisers neuen Kleidern. In dieser Geschichte ist es ein Kind, das die Wahrheit über die Kleidung des Kaisers ausspricht: Der Kaiser ist nackt. Alle anderen sehen dies nicht. Nun sollte man es sich mit der Interpretation nicht zu einfach machen. Der Kern des Märchens liegt nicht darin, dass nur das Kind sich traut, die für den Kaiser peinliche Wahrheit zu äußern, während die Erwachsenen wegen befürchteter negativer Reaktionen seitens der Mächtigen lieber den Mund halten. Das Problem liegt tiefer: Die Erwachsenen nehmen die Nacktheit des Kaisers nicht wahr. Sie sind der Überzeugung, schönste und reich bestickte, mit Edelsteinen besetzte Kleider zu sehen. Sie sehen, was sie erwarten: Ein Kaiser geht nicht nackt unters Volk. Er kleidet sich prächtig. Er putzt sich heraus. Dies war schon immer so und so ist es auch jetzt: „Sind die Tücher nicht unglaublich fein gewebt?" „Sie wirken wie ein Hauch, fast wie ein Nichts." „Wie eng sie den Körper umspielen. Sie sitzen wie eine zweite Haut." So oder so ähnlich werden die anderen gedacht und wahrgenommen haben.

Das Kind hat, anders als die übrigen Zuschauer, noch nicht viele Erfahrungen mit dem Gebaren eines Kaisers. Vielleicht sieht es bei dieser Parade zum ersten Mal den Kaiser. Es weiß nicht, was ein Kaiser üblicherweise anzieht und konnte sich im voraus noch kein Bild machen. Insofern konnte es viel unbefangener an die Situation herangehen. In dieser Unbefangenheit ist der Kern der kindlichen Naivität zu sehen.

Ein weiteres interessantes Beispiel zum Thema Naivität und Sehen liefert Douglas Adams im vierten Band seiner Trilogie (!) „Per Anhalter durch die Galaxis". Dort lässt er einen Wissenschaftler auftreten. Aber lesen Sie selbst:

> „Ich dachte halt, Sie würden gern mal sehen", sagte er, „was Engel an den Füßen tragen. Bloß aus Neugier. Ich versuche übrigens nicht, irgendwas zu beweisen. Ich bin Wissenschaftler und weiß, was einen Beweis ausmacht. Aber der Grund, weshalb ich meinen Kindernamen trage, ist, mich daran zu erinnern, daß ein Wissenschaftler auch durchaus wie ein Kind sein muß. Wenn er etwas sieht, muß er sagen, daß er's sieht, ob es das ist, was er zu sehen hoffte, oder nicht. Erst sehen, dann denken, am Ende analysieren. Aber immer erst sehen. Sonst sieht man nur, was man sehen wollte. Die meisten Wissenschaftler vergessen das. Ich werde Ihnen später etwas zeigen, um das zu beweisen. Und der andere Grund, weshalb ich mich Wonko der Verständige nenne, ist der, daß die Leute glauben, ich bin ein Narr. Das gibt mir die Möglichkeit zu sagen, was ich sehe, wenn ich es sehe. Man kann unmöglich Wissenschaftler sein, wenn es einem etwas ausmacht, daß die Leute denken, man sei ein Narr. Wie dem auch sei, ich dachte, Sie könnten vielleicht auch dies hier sehen wollen."[29]

Naivität wird üblicherweise im Zusammenhang mit Unschuld und Natürlichkeit gesehen. Naive Äußerungen sind ohne strategische Rücksichtnahmen, ohne Hintergedanken. Sie sind – wie Kant es einmal formulierte – der Ausbruch der natürlichen Aufrichtigkeit gegen die zur anderen Natur gewordenen Verstellungskunst.[30]

Demzufolge sind Kinder aber genau genommen nicht naiv, denn Naivität setzt schon die Verstellung voraus. So jedenfalls sieht es Friedrich Schiller:

Das Naive ist eine Kindlichkeit, wo sie nicht mehr erwartet wird, und kann ebendeswegen der wirklichen Kindheit in strengster Bedeutung nicht zugeschrieben werden.[31]

Naiv können also Erwachsene sein, Kinder sind es nicht. Kinder sind schlicht kindlich. Es ist in unserem Zusammenhang hilfreich, Schiller noch ein wenig weiter zu folgen. Er unterscheidet zwischen „kindlich" und „kindisch". Während „kindisch" Unverstand und Einfalt, also eine Unfähigkeit bezeichnet, der sich Erwachsene zu Recht überlegen fühlen, so bedeutet „kindlich" Unschuld und Natürlichkeit, die uns laut Schiller nötigt, „den Gegenstand zu achten, über den wir vorher gelächelt haben, und, indem wir zugleich einen Blick in uns selbst werfen, uns zu beklagen, dass wir demselben nicht ähnlich sind."[32] Das Bedauern über den Verlust des Kindlichen spricht Schiller deutlich aus. Kinder haben demnach einen ganz speziellen Zugang zur Welt. Sind Kinder vielleicht Philosophen?

Der Pädagoge Hans-Ludwig Freese gibt bereits im Titel seines Buches eine eindeutige Antwort: „Kinder sind Philosophen".[33] Vielleicht gründet diese überschwänglich anmutende Einschätzung auch darin, dass Freese viel mit hochbegabten Kindern gearbeitet hat. Aber im Grunde handelt es sich bei dieser These nur um die konsequente Weiterführung einer weit verbreiteten Ansicht. Wir haben bereits im ersten Kapitel im Zusammenhang mit der Entdeckung der Kindheit, auf die positive Stellung hingewiesen, die das Kind im Volksglauben einnimmt: „Kindermund tut Wahrheit kund", so fasst der Volksmund das von Dichtern und Philosophen beschriebene Phänomen des ursprünglichen Zugangs von Kindern zur Welt zusammen. „Das Kind und der Narr sprechen wahr."

Warum sie dies tun und warum sie uns Erwachsenen in einigen Situationen etwas voraus haben, wurde im vorigen Abschnitt anhand des Begriffs Naivität erläutert. Kinder aber deswegen gleich zu Philosophen zu verklären, kann nur aus einem Romantizismus erwachsen, der in dem schmerzlichen Bewusstsein der Trennung, auf der Suche nach Ursprünglichkeit und Natürlichkeit seine Nahrung findet. Mit einem solch verklärten Blick ist jedoch nichts erreicht. Er ersetzt nur eine Einseitigkeit durch eine andere. Auch hier zeigen sich Anklänge von volksreligiöser Anschauung.

Nietzsche hat einmal Gerechtigkeit als „Liebe mit sehenden Augen" bestimmt. Lassen wir also in diesem Sinne Kindern Gerechtigkeit widerfahren: Weder sind sie einfach kindisch und müssen (können) intellektuell nicht ernst genommen werden, noch sind sie Philosophen, die uns Erwachsenen den Weg zur Wahrheit ebnen. Keiner dieser Standpunkte ermöglicht eine ernsthafte inhaltliche Auseinandersetzung im Rahmen eines gleichberechtigten Dialogs.

Die einseitige Zuspitzung bei Matthews und Freese mag angesichts faktisch bestehender, zumeist einseitiger Rollenverteilungen im Gespräch zwischen Erwachsenen und Kindern begründet sein. Matthews und Freese geht es gerade darum, Erwachsene für das zu sensibilisieren, was Kinder sagen. Sokrates soll zuhören. Natürlich weiß Matthews durchaus zu differenzieren: „Unter den vielen nervigen Fragen, die Kinder stellen, finden wir einige, die uns echt verblüffen."[34] Natürlich weiß er, dass Kinder nicht immer Kluges äußern. Aber er wehrt sich dagegen, philosophisch interessante Äußerungen von Kindern nur als Zufallstreffer anzusehen. Vielmehr ist es laut Matthews natürlich, dass Kinder philosophische Themen ansprechen. Und in der Tat ist es nicht einzusehen, warum die kindliche Fragelust ausgerechnet vor philosophischen Inhalten halt machen sollte. Grundsätzliche Fragen nach Gott, Tod, Erkenntnisfähigkeit, Freundschaft etc. sind gleichursprünglich mit Fragen danach, wie eine automatische Tür funktioniert und ob jemand darin sitzt, der sie immer dann öffnet, wenn jemand durchgehen will.

Mit Matthews können wir nun erneut unsere Frage beantworten, ob Kinder philosophieren können.

> Kinder besitzen nicht nur die erforderlichen „Werkzeuge" und Fähigkeiten, um zu philosophieren, sie sind auch willens und in der Lage, philosophische Inhalte zu besprechen. Ja, mehr noch: Kinder sprechen solche Inhalte von sich aus an.
> Dass dies häufig nicht gesehen wird, muss nicht bedeuten, dass es nicht vorkommt: Der philosophische Gehalt kindlicher Äußerungen wird häufig schlicht übersehen.

Matthews ist gewissermaßen „Ausgräber" solcher Gehalte im kindlichen Denken. Er spürt sie auf, um durch diese „Denkproben"[35] ein Gespür dafür zu vermitteln, vor welchem Hintergrund kindliche Äußerungen auch gesehen werden können. Er setzt sie in Zusammenhang mit Gedanken und Ideen der Philosophiegeschichte und ermöglicht dadurch, die Äußerungen in ihrer Gehaltfülle zu erfassen. Er entwickelt, anders als Lipman, keine explizite Methode des Philosophierens mit Kindern. Auch legt er keine ausgearbeiteten Materialien für das Philosophieren mit Kindern vor. Für ihn ist die Grundlage das gemeinsame Lesen. Lesestoff findet er in klassischen Texten, in geeigneten Kinderbüchern oder er erfindet Geschichten, bei denen er den Schluss offen lässt und Kinder auffordert, sich geeignete Enden auszudenken.

Kinder sollen nicht nur zu Wort kommen, sondern auch gehört werden. Deswegen wendet sich Matthews gegen eine allzu schnelle Einordnung kindlicher Fragen und Gedanken im Rahmen einer umfassenden Theorie über kindliches Denken, wie sie bei Piaget vorliegt. Kindliches Denken wird so zwar ordentlich in Schubladen verstaut, die Inhalte aber werden darüber vergessen. Es hat etwas von der beliebten Strategie des Aufräumens: Schublade, Tür oder Deckel auf und alles hineingestopft, was nicht mehr gesehen werden soll. Vieles wird aber so nie wiedergefunden, und einiges gerät so sehr aus dem Blick, dass ganz vergessen wird, dass es jemals dagewesen ist.

2.2.2 Wann ist etwas falsch?

In unserer Darstellung fiel bereits der Schatten eines Zweifels auf Piagets Stufentheorie der Entwicklung des kindlichen Denkens. Überhaupt ist vom Schatten viel zu lernen[36], auch über Piagets Theorie: Piaget hat sich nicht nur mit der Denkfähigkeit, sondern auch mit dem „Weltbild" des Kindes beschäftigt und Erstaunliches gefunden: Kinder sehen und begreifen die Welt anders als Erwachsene. Wenn Kinder glauben, sie könnten den Schatten mit einem Regenschirm aufspießen und ihn an einer Stelle festhalten oder ihn mit Hilfe des Schirms verschieben, wenn sie versuchen, einen Schatten durch eine Lage von Kieselsteinen zu verdecken, wenn sie der Überzeugung sind, dass der Schatten auch im Dunkeln noch da ist, begreifen sie den Schatten offensichtlich als etwas völlig anderes als Erwachsene. Die Unterschiede sind allerdings oft fließend. Auch Erwachsene reden häufig von der kühlenden Wirkung des Schattens, während genau besehen nicht der Schatten kühlt, sondern das Objekt, das zwischen uns und die wärmenden Sonnenstrahlen tritt. Wenn wir so reden, als ob der Schatten etwas bewirke, ist es nur ein kleiner Schritt zu kindlichen Überzeugungen wie: Der Schatten ist auch im Dunklen da; und der Schatten verfolgt uns.

Worin liegt nun aber das Charakteristische kindlicher Weltsicht? Dieser Frage ging Piaget in seiner frühen Untersuchung „Das Weltbild des Kindes" nach. Darin wendet er sich den Inhalten kindlicher Vorstellungen zu: Nicht wie Kinder denken, sondern wie sie über das Denken denken und ihre Ansichten darüber, woher die Träume kommen, was Leben und was lebendig ist, woher die Sterne und Bäume kommen, dies steht im Mittelpunkt von Piagets Untersuchung.

Aus den Ansichten der von ihm befragten Kindern schloss Piaget auf einen grundlegenden kindlichen „Egozentrismus": Ausgangspunkt kindlicher Weltsicht ist eine nur eingeschränkte Unterscheidung zwischen „Ich" und Umwelt. Kinder sind insofern egozentrisch, als sie sich ihrer selbst noch nicht völlig bewusst, vielmehr selbstvergessen sind. In unserem Zusammenhang kommt es im Einzelnen nicht darauf an, dass Piaget diesen Egozentrismus anfänglich vielleicht überschätzte und dass sich im Laufe eines langen Forscherlebens die Konzeption des kindlichen Egozentrismus wandelte. Wichtig ist hier zunächst, dass der kindliche Egozentrismus nicht mit dem Bestreben erwachsener Egozentriker, sich in den Mittelpunkt zu stellen, verwechselt werden darf. Charakteristisch für den kindlichen Egozentrismus ist vor allem, dass Kinder nur eingeschränkt in der Lage sind, den Standpunkt anderer einzunehmen. So ist z. B. zu beobachten, dass fünf- bis sechsjährige Kinder, die mit Geschwistern aufwachsen, zwar wissen, dass sie Geschwister haben, aber umgekehrt nicht begreifen, dass sie selbst wiederum Bruder oder Schwester sind.

Kinder können also nicht die Perspektive wechseln. Im täglichen Umgang zeigt sich dies in Erzählungen von Kindern. Sie erzählen Erlebnisse voraussetzungslos, so dass dem Bericht nur folgen kann, wer selbst dabei gewesen ist. Der fehlende Perspektivwechsel wird sichtbar in häufig fehlenden Begründungen und Argumentationen. Was aber folgt hieraus für das kindliche Weltbild? Piaget hat drei Äußerungsformen der Nichtunterscheidung von Ich und Umwelt beschrieben:

1. Der kindliche Realismus

Nach dem bisher Gesagten ist es einigermaßen überraschend, dass Piaget Kindern Realismus zuschreibt, zumal er diesen noch mit einer magischen Weltsicht verbindet. Geht man aber von der kindlichen Egozentrik aus, sind Kinder einfach deswegen Realisten, weil sie sich als Ich, und das heißt als erkennendes Subjekt, nicht berücksichtigen. Damit wird die eigene Betrachtungsweise für unmittelbar real und objektiv gehalten. Durch die Nichtunterscheidung von Ich (oder dem Denken) und der äußeren Welt folgt dann gewissermaßen notwendig eine magische Sicht, da das Denken vom äußeren Ablauf der Umwelt nicht getrennt gesehen wird. Ist alles solcherart verbunden, spricht nichts weiter dagegen, dass auf größerer Distanz auch denkend der Lauf der Dinge beeinflusst werden kann. In der Literatur wurde diese Art magische Verbundenheit mit Allem verschiedentlich dargestellt. So berichtete z. B. Steinbeck in seinem Roman „Wonniger Donnerstag" von einem Mann, der sich so sehr daran gewöhnt hatte, dem Sonnenuntergang entgegenzugehen, dass er sich nun einbildete, ohne ihn könne die Sonne nicht untergehen. Dass dieser Mann nach eigenen Bekunden dadurch das Gefühl gewann, gebraucht zu werden, ist dann aber doch wohl eher eine Stufe des Erwachsenseins, da offensichtlich der Zauber der Resignation gewichen ist.

2. Der kindliche Animismus

Auch der Animismus (lat. animus = Seele) folgt aus der Nichtunterscheidung zwischen dem Ich und der äußeren Welt. Es wird aber stärker die Eigenexistenz des Äußeren beachtet: Äußeres wird in Analogie zur eigenen Person als belebt und mit Absicht, also einem Willen ausgestattet, betrachtet. Im Unterschied zur magischen Sichtweise wird die Ursache für ein Geschehen weniger in das Ich als mehr in die Dinge verlagert. Ziehen wir unser vorheriges Bild aus der Literatur wieder heran, könnte man nun sagen, dass die Sonne untergehe, weil sie Dunkelheit haben will.

3. Der kindliche Artifizialismus

Die Sonne geht unter, damit ich beim Schlafen nicht gestört werde. Solche Art Erklärungen fand Piaget in den Reden der Kinder. Die hier deutlich werdende Ausrichtung des Geschehens auf einen Zweck bezeichnete Piaget als „artifizialistische" Sichtweise (lat. artifex = Schöpfer, Künstler; lat. fines = Zweck, Ziel). Alles ist entweder von Menschen gemacht oder ist für Menschen entstanden. Dies ist ein wichtiger Hinweis für die Beantwortung unserer titelgebenden Frage: „Wie kommen die Bäume in den Wald?" Sie kommen in den Wald, um uns Schatten zu spenden.

Was fangen wir aus philosophischer Sicht mit diesen Beschreibungen an? Zunächst lernen wir, dass es offensichtlich andere Sichtweisen als die unsrigen gibt. Piaget eröffnet darüber hinaus Zugänge zum kindlichen Denken, die ansonsten gegebenenfalls verdeckt bleiben, wenn der Egozentrismus der Erwachsenen einen Perspektivwechsel zu kindlichen Vorstellungen nicht zulässt. Man lese nur von H.G. Wells die kleine Erzählung „Der Zauberladen"[37]. Es ist ein „wahrer" Zauberladen, der nur einen Moment da und dann schon wieder weg ist, nicht aber ohne die erwachsenen Besucher in Verwirrung, kindliche Besucher in Faszination zu setzen. Einblicke in das Magische im kindlichen Denken gewährt uns Piaget. Vom Zaubern und den Zusammenhängen mit der Philosophie werden wir später noch aus berufenem Munde hören.

Aber offensichtlich handelt es sich nicht nur um magische Elemente im kindlichen Denken, sondern auch um eine Magie kindlichen Denkens: Denn unser Denken, das Denken von Erwachsenen bleibt nicht unbeeinflusst. Sehen wir einmal vom bereits beschriebenen sehnsuchtsvollen Blick auf Ursprünglichkeit und Unverstelltheit ab, bleibt häufig nur Unverständnis übrig. Kommen wir noch einmal auf das Lektüreerlebnis des „Zauberladens" von H. G. Wells zurück: Man versuche es selbst, ob man nicht den Ladenbesitzer zu packen und zu schütteln versucht wäre, wenn das eigene Kind verschwände, während es doch nur friedlich und freudig lächelnd auf der Straße steht und seinen Gedanken nachhängt. Wie der Vater, der in dieser Erzählung mit seinem Sohn einen Zauberladen aufsucht, wird der Leser zunehmend verunsichert und zugleich aggressiv. Erst als sich der Vater versichert, dass seinem Sohn nichts geschehen ist und er sich über die noch ausstehende Rechnung der im Zauberladen erstandenen Geschenke Gedanken machen kann, ist seine Welt wieder in Ordnung. Ein wenig irritiert ihn noch der Umstand, dass der Zauberladen verschwunden ist, er deswegen auch keine Anlaufstelle hat, um seine Schulden zu bezahlen. Aber die Person im verschwundenen Laden kennt Name und Anschrift und könnte ja den fehlenden Betrag selbst einfordern. Es hat alles wieder seine Ordnung.

So sind wir wieder bei den Schubladen angelangt, in denen nach der Überzeugung Matthews kindliches Denken in der Regel verschwindet. In Piagets Theorie, so die Kritik von Matthews, geschieht dies im Wesentlichen in zweierlei Hinsicht. Zum einen äußert Matthews methodische Bedenken, da die Generalisierung des Frage- und Antwortverhaltens der Kinder keinen Raum lässt, individuell geäußerte (philosophische) Gedanken angemessen zu würdigen: So lässt Piaget z. B. „fabulierende" Antworten von Kindern bei der Untersuchung des „Weltbildes der Kinder" ausdrücklich als Untersuchungsgegenstand außen vor, weil in diesen keine kindlichen Überzeugung zum Ausdruck komme.[38] Dadurch werden – so Matthews – philosophisch interessante Äußerungen von Kindern, die sich gerade im freien Spiel der Begriffe zeigen, nicht weiter berücksichtigt. Piaget beachte lediglich

„Standardantworten", die verallgemeinert ein Antwortmuster ergeben. „Die Standardantwort ist im allgemeinen ein gedankenloses und undurchdachtes Produkt der Sozialisation, während die nichtkonformistische, aus dem Rahmen fallende Antwort viel eher die Frucht redlichen Nachdenkens ist."[39] Matthews Kritik bezieht sich also kurz gesagt darauf, dass bei Piagets Auswahl kindlicher Gedanken und Äußerungen bereits Vorentscheidungen getroffen wurden.

Zum anderen kritisiert Matthews, dass Piaget einen bestimmten Maßstab an das kindliche Denken anlegt. Während Piaget in seiner frühen Untersuchung „Das Weltbildes des Kindes" noch überwiegend rein beschreibend vorgeht, bemisst er in den nachfolgenden Untersuchungen in weit stärkerem Maße kindliches Erkenntnisvermögen an Maßstäben neuzeitlicher Wissenschaft.[40] Kindliches Denken wird als schrittweise Annäherung an dieses Denken beschrieben. Ja mehr noch: Kindliches Denken ist entwicklungsbedürftig, da in dieser Entwicklung kognitive Defizite beseitigt werden. Gegen diese Ansicht geht Matthews mit vergleichsweise hohem theoretischen Aufwand an. Der Grund für diese Anstrengung wird deutlich, wenn darauf geachtet wird, was es für unseren Umgang, den Umgang Erwachsener mit kindlichen Gedanken und Äußerungen bedeutet, wenn kindliches Denken als unterentwickelt eingestuft wird: Kindliches Denken wird als solches, das heißt in seinem Gehalt, nicht ernst genommen. Vielleicht ist es amüsant, vielleicht phantasievoll, vielleicht auch aufschlussreich bezüglich der Entwicklungsstufe, auf der sich ein Kind befindet. Es ist aber in jedem Fall schon einmal „nicht richtig" oder zumindest korrektur- und ergänzungsbedürftig. Bevor die Gedanken noch geäußert sind, ist bereits bekannt, was davon zu halten sei. Diese Einordnung kindlichen Denkens kommt bei Piaget in Matthews Augen dadurch zustande, dass er mehr oder minder direkt kindliches Denken mit geschichtlichen Wissens- und Erkenntnisstadien in Zusammenhang bringt. Animismus und Magie z. B. werden religions-phänomenologisch und -geschichtlich als frühe Formen der Religiösität gesehen. Sie gelten als Vorformen des persönlichen Gottesglaubens. Auch spielt Piaget mit dem Gedanken, dass Kinder in ihrer Entwicklung der Erkenntnisfähigkeit die Geschichte der abendländischen Philosophie rekapitulieren, indem sie sich nach und nach von Vorsokratikern zu Platonikern, zu Aristotelikern, Scholastikern, Cartesianern etc. entwickeln.

Diese Hinweise legen nahe, dass kindliches Denkens zum Denken Erwachsener fortschreitet, so wie auch der Gang der Menschheitsgeschichte als ein Erkenntnisfortschritt interpretiert wird. Genau diesen Begriff des „Fortschritts" kritisiert Matthews: Im philosophischen Denken lässt sich nicht ohne weiteres ein gradliniger Erkenntnisfortschritt ausmachen. Man kann nicht einfach behaupten, dass Platon z. B. weniger weit oder weniger genau oder weniger richtig gedacht hat als z. B. Augustinus nach ihm. Besonders anschaulich hat dies der Philosoph Alfred N. Whitehead ausgedrückt, indem er die gesamte abendländische Philosophiegeschichte als Fußnote zu Platon bezeichnete.[41] Übertragen auf unser Thema des Philosophierens mit Kindern bedeutet dies:

> Kindliches Denken wird nicht als Vorform des Erwachsenen-denkens, sondern als eigenständiges Denken betrachtet.

Hier ergibt sich ein Berührungspunkt der Philosophischen Praxis mit dem Philosophieren mit Kindern, wie wir es verstehen. Denn auch die Philosophische Praxis legt sich nicht auf ein mängelbestimmtes Menschenbild fest. Erst so besteht die Chance, sich auf kindliche Äußerungen vorurteilsfrei einzulassen. Genau dies ist es, worum es Matthews geht: Er will Kindern Gehör verschaffen und er tut dies, indem er erst einmal viel von dem alltäglichen Getöse zum Verstummen bringt. Ihm ist bewusst, dass sein Anliegen für Erwachsene auch eine Zumutung bedeutet, insofern von ihnen gefordert wird, sich hin und wieder von sicher Geglaubtem und von Selbstverständlichem zu verabschieden.[42] Zusammenfassend halten wir fest, dass Matthews den Weg für die erhöhte Sensibilität kindlichem Denken gegenüber ebnet. Er zeigt darüber hinaus, dass dieser Weg im Wesentlichen über Lernprozesse auf Seiten Erwachsener führt. Durch diese Zentrierung auf Erwachsene bleiben allerdings die Lernprozesse auf Seiten der Kinder, die im vorhergehenden Kapitel im Rahmen der Vermittlungstheorien beschrieben wurden, weitgehend unberücksichtigt.

2.3 „Habe Mut, dich deines eigenen Verstandes zu bedienen." – Aufklärerische Ansätze

Matthews Überlegungen vermitteln eine Haltung, in der Offenheit und Akzeptanz kindlichem Denken gegenüber im Vordergrund stehen. Die Vernunftorientierung, die in Lipmans Ansatz der Vermittlung und Entwicklung von Denkfähigkeiten im Mittelpunkt steht, gerät dabei aus dem Blick. Ansätze des Philosophierens mit Kindern, die wir eingangs als „aufklärerische" Ansätze innerhalb der Kinderphilosophie bezeichnet haben, umgehen das Problem einseitiger Ausrichtung. Ein an der Aufklärung orientiertes Denken geht davon aus, dass Menschen sich ihres Verstandes und ihrer Vernunft bedienen können, um sich in dieser Welt zurecht zu finden. Gleichzeitig fordert ein solches Denken aber auch dazu auf, sich des eigenen Verstandes zu bedienen. Diese Doppelstellung – Anerkennung des selbsttätigen Denkens und Aufforderung zum selbsttätigen Denken – lässt aufklärerische Ansätze der Kinderphilosophie zu umfassenden Konzeptionen werden: Wird Philosophieren mit Kindern verstanden als ein Beitrag zur Aufklärung im Sinne des sich im Denken Orientierens, also im Sinne der Vermittlung von Orientierungswissen, werden beide Momente – die Akzeptanz kindlichen Denkens auf der einen Seite und die Ausbildung der Denkfähigkeiten auf der anderen Seite – gleichermaßen berücksichtigt.

Dieses Orientierungswissen bezieht sich in kritischer Absicht auf die unhinterfragte gesellschaftliche und geschichtliche Lebenswelt des Menschen. Es geht in ihm nicht darum, sich in dieser Lebenswelt bloß einzupassen.

> Ziel ist, sich selbst-bewusst in der gesellschaftlichen und geschichtlichen Lebenswelt zu bewegen und diese gegebenenfalls nach eigenen Maßgaben zu gestalten. Unter dieser Voraussetzung heißt In-der-Welt-sein, sich auf das Leben „verstehen"[43].
> So zeigt sich die Kinderphilosophie als ein Gegenmittel zu der bereits erwähnten Kommerzialisierung unserer Lebenswelt.

Neben das in weiten Teilen vorherrschende marktkonforme Orientierungswissen (z. B. Markenorientierung) tritt dann ein Orientierungswissen, das sich in der Lebenswelt als Klugheit oder Urteilskraft bewähren kann.

In der Urteilskraft (…) äußert sich das einem Individuum zukommende unvergleichbare Erkenntnisvermögen, das es ihm ermöglicht, innerhalb seiner Lebenslagen situationsgerecht das Richtige zu tun. (…) Da hinter der Urteilskraft der gesamte, eigenverantwortliche Einsatz der Person steht, kann sie den Menschen so vor dem Funktionsgetriebe des Rollenhandelns, das nur das Kriterium instrumenteller Nützlichkeit kennt, bewahren.[44]

Eine solchermaßen in den Alltag integrierte Zugangsweise zu philosophisch aufgeklärtem Orientierungswissen liefert die Philosophische Praxis.[45] Im Mittelpunkt der Philosophischen Praxis steht dabei dasjenige philosophische Wissen, das für die individuelle Lebensführung bedeutsam ist oder bedeutsam werden kann.[46] Aus dem Blickwinkel der Philosophischen Praxis, die in ihrer „beratenden Argumentation"[47] auf die Gleichberechtigung der Gesprächspartner setzt, ergibt sich für das Philosophieren mit Kindern folgendes Bild:

So „unfertig" Kinder in ihrer Entwicklung auch sein mögen, eine abschließende Festlegung und eine damit verbundene dauerhafte Fremdbestimmung ihrer Weltaneignung und ihres Weltverständnisses führen zur prinzipiellen Einengung ihrer Welterkennungs- und Weltumgangsweisen. Sie führen zur Einengung von Freiheitsspielräumen und zur Verhinderung der Aufklärung über die Welt. Schließlich führen sie zur Behinderung ihrer Selbstaufklärung. Solche Einengungen widersprechen nicht nur prinzipiell dem Anliegen Philosophischer Praxis, sondern auch den Grundvoraussetzungen des Philosophierens mit Kindern.

> Der erste Schritt zu einem gelungenen philosophischen Umgang mit Kindern ist bereits dann getan, wenn Eltern und Erzieher den nach-denkenden, prinzipiell offenen Vollzug der eigenen Situation in ihre Lebenswelt integrieren. Genau damit ist das wesentliche Anliegen der Philosophie der Aufklärung eingelöst.

Mit diesen Überlegungen haben wir unseren Zugang zum Philosophieren mit Kindern in den Grundzügen skizziert. Im folgenden wenden wir uns zwei Vertretern aufklärerischen Gedankenguts im Rahmen der Kinderphilosophie zu: Walter Benjamin und Ekkehard Martens.

Der Philosoph Walter Benjamin hat sich bereits früh in Theorie und Praxis mit Fragen der Erziehung und der „Aufklärung" für Kinder befasst. Walter Benjamin wurde am 15. Juli

1892 geboren. Nach dem Besuch des Gymnasiums beginnt er 1912 das Studium der Philosophie in Freiburg. Beenden wird er es 1919 in Bern mit seiner Dissertation „Der Begriff der Kunstkritik in der deutschen Romantik". Zu seinen Freunden und Bekannten zählen Gerhard Scholem, Ernst Bloch, Siegfried Kracauer, Theodor W. Adorno und später (1929) Bert Brecht.

In der Begegnung mit dem Pädagogen Gustav Wyneken erfährt Walter Benjamin zum ersten Mal, dass sich Schüler und Lehrer als gleichberechtigte Partner begegnen können. Der Einfluss dieser Begegnung kann nicht hoch genug veranschlagt werden. Bis in seine Studienzeit und weit darüber hinaus fühlt Benjamin sich diesen aus dem Denken der Aufklärung stammenden Ansichten verpflichtet.

Nach seinem gescheiterten Habilitationsverfahren arbeitet Benjamin als freier Schriftsteller und Journalist. Von seinen Schriften sind vor allem der „Ursprung des deutschen Trauerspiels" und sein „Passagen-Werk"[48] berühmt geworden. Walter Benjamin musste 1933 aus Deutschland fliehen. Auf der Flucht vor den Nazis nahm er sich 1940 in Port Bou das Leben.

Walter Benjamin hat in seinem Text „Berliner Kindheit um 1900" die eigenen Kindheitserinnerungen verarbeitet. Als Theoretiker hat er sich immer wieder Fragen der Kindererziehung und der Jugendbewegung zugewandt. Seine Bemühungen um Aufklärung für Kinder dürfen jedoch nicht isoliert betrachtet werden. Sie sind Teil des umfassenden philosophischen Projektes, das sich Benjamin aufgegeben hat: sich der „Moderne" und damit seiner eigenen Zeit durch Rückbesinnung und Aufdeckung ihrer Geschichte zu nähern. Er tat dies zumeist, indem er einigen, teils scheinbar oberflächlichen Erscheinungen nachspürte. Wenn er in seinen Kinder- und Jugendarbeiten über die Wohnsituation in Berlin, den Berliner Dialekt oder ein Messingwerk berichtet, so fügen sich diese Berichte nahtlos in sein sonstiges Philosophieren ein: Von 1927 bis zu seinem Tod arbeitete Benjamin an seinem „Passagen-Werk". Ausgehend von den Pariser Passagen – Eisen- und Glaskonstruktionen, in denen, als Vorläufer der heutigen Warenhäuser, sehr viele Waren zum Kauf angeboten wurden – wollte Benjamin der Moderne und den modernen Lebensbedingungen nachspüren.

Ende der zwanziger Jahre, Anfang der dreißiger Jahre des 20. Jahrhunderts verfasste Benjamin Kinder- und Jugendsendungen für den Berliner Rundfunk. Zusammen mit Ernst Schoen schrieb er ein Hörspiel nach Wilhelm Hauffs „Das kalte Herz". In diesem Märchen tauscht der Kohlenbrenner Peter Munk beim Holländer-Michel sein Herz gegen einen Stein und erhält hierfür einen ihm angemessen erscheinenden Geldbetrag. Es handelte sich um hunderttausend Gulden, eine geschäftliche Transaktion, die den Peter Munk zwar finanziell deutlich besser stellte, aber eben auch herzlos werden ließ. Die in der Romantik häufig verwandte Metapher vom Herzen aus Stein ist als Reaktion auf die im 19. Jahrhundert zunehmende Ökonomisierung aller Lebensbereiche zu verstehen. Walter Benjamin nimmt dieses Motiv wieder auf. Allerdings sieht er sich und die Hörer bezüglich der Macht der Wirtschaft bereits vor vollendete Tatsachen gestellt. Die Suche nach individuellen Bewegungsräumen wird um so dringlicher.

In diesem Hörspiel findet sich aber auch eine einfache Begründung, warum sich Benjamin des Rundfunks bediente. Zu Beginn des Hörspiels unterhalten sich die Figuren aus dem Märchen mit dem Radiosprecher. Es entspinnt sich der folgende kleine Dialog zwischen Peter Munk und dem Radiosprecher:

> Kohlenmunk-Peter: Um die Wahrheit zu gestehen, Herr Sprecher, so möchten wir gar zu gerne einmal ins Stimmland.
> Sprecher: Ins Stimmland? Kohlenmunk-Peter? Wie soll ich denn das nun wieder verstehen? Da müßt Ihr Euch schon etwas deutlicher erklären!

> Kohlenmunk-Peter: Seht Ihr, Herr Sprecher, wir stehen nun schon hundert Jahre in Hauffs Märchenbuch. Da können wir nur immer zu einem Kind auf einmal sprechen. Nun soll doch aber die Mode sein, dass die Märchenfiguren jetzt aus den Büchern herauskommen und ins Stimmland hinübergehen, wo sie sich dann vielen tausend Kindern auf einmal präsentieren können. So wollen wir es auch machen, und man hat uns gesagt, Ihr Herr Sprecher, seid gerade der rechte Mann, um uns dazu zu verhelfen.[49]

Benjamin hat sich bereits früh über die Möglichkeiten, die sich mit den neuen Kommunikationsmedien ergeben, Gedanken gemacht. Er steht den Massenmedien auch als Unterhaltungsmedien, die der Zerstreuung dienen, nicht grundsätzlich ablehnend gegenüber. So „verwandelt man mit Hilfe des Rundfunks die Wohnstube in einen öffentlichen Platz."[50] Walter Benjamin hat schon früh erkannt: Das Philosophieren mit Kindern kann nicht ausschließlich in einem separaten philosophischen Sprechzimmer stattfinden. Es muss in den Alltag der Erwachsenen und Kinder integriert werden. Damit wird die Forderung der Aufklärung nach dem öffentlichen Gebrauch der Vernunft im Medienzeitalter eingelöst.

Insofern hatte er keinerlei Berührungsängste mit den Massenmedien und wurde so zu einem Pionier mit Blick auf die Frage, wie sich unter den Bedingungen neuer Medien „Aufklärung" für Kinder gestalten kann. Benjamin wählte den Rundfunkvortrag, genauer zwanzigminütige Vorträge, die er im Berliner und im Südwestdeutschen Rundfunk zwischen 1929 und 1932 hielt. Wir möchten nur kurz auf einige dieser Vorträge eingehen, um zu zeigen, wie sich Benjamin um eine „Aufklärung für Kinder" mühte:

- Zum einen klärt Benjamin in seinen Vorträgen auf, indem er historische Hintergründe erhellt. In einem Vortrag erzählt

Benjamin z. B. über „Hexenprozesse". Er zeigt den historischen Hintergrund auf, berichtet von dem unsäglichen „Hexenhammer", in dem Vorurteile und Aberglaube gesammelt und systematisiert in einem Buch niedergeschrieben wurden und der zum wichtigen Werkzeug der kirchlichen Inquisition wurde. In einem anderen Vortrag spricht er über die Bastille, dem alten französischen Staatsgefängnis, dessen „Erstürmung" Ausgangspunkt der französischen Revolution war.

▪ Walter Benjamin geht es zum anderen um die Denkfähigkeiten der Kinder. Kommen wir noch einmal zum Problem der Umkehrung von Allsätzen zurück, ein Problem, das Lipman in seiner Eingangsgeschichte zu Harry Stottlemeier wie folgt behandelt: Der Satz „Alle Planeten bewegen sich um die Sonne" wird in den Satz „Alles, was sich um die Sonne dreht, ist ein Planet" überführt. Dies ist offensichtlich falsch, weil Teilmenge und Menge insgesamt verwechselt werden. Kometen z. B., die sich ebenfalls um die Sonne bewegen, bleiben unberücksichtigt. Benjamin führt nun ebenfalls genau diesen logischen Fehlschluss vor. In seinem Vortrag über die Hexenprozesse zeigt er, mit welchen logischen Taschenspielertricks Falsches begründet wurde. Ein Beweis für die Existenz von Hexen lautete damals: Wer das Dasein von Hexen leugnet, leugnet auch das Dasein von Geistern, weil Hexen Geister sind. Wer aber das Dasein von Geistern leugnet, der leugnet auch das Dasein Gottes, denn Gott ist Geist. Da es aber Gott gibt, gibt es folglich auch Hexen.
Dieser Beweisgang ist in mehrfacher Hinsicht problematisch. Der einfache Fehlschluss der Umkehrung eines Allsatzes liegt darin, dass die Menge aller Hexen mit der Menge aller Geister gleichgesetzt wird. Aus: „Alle Hexen sind Geister" wird einfach „Alle Geister sind Hexen", ein logischer Fehler, den man laut Benjamin keinem Tertianer im Schulaufsatz durchgehen

ließe. Und dennoch, so müssen wir hinzufügen, begegnet er uns auf Schritt und Tritt. Es ist die Schlussfigur, die nahezu bei jeder Entstehung eines Vorurteils zu finden ist. Hören wir, was Benjamin zu einem solchen Mangel an Denkfähigkeiten zu sagen hat: „Irrtum und Unsinn sind schlimm genug. Aber ganz gefährlich werden sie erst, wenn man Ordnung und Folgerichtigkeit hineinbringen will."[51]

- Schließlich zeigt sich z. B. in einem Vortrag über einen „Besuch im Messingwerk" das Bemühen Benjamins, Kindern und Jugendlichen die Welt, in der sie leben, näher zu bringen. Dieser Vortrag wirkt wie ein früher Vorläufer der Sachgeschichten aus der Kinder-Fernsehreihe „Sendung mit der Maus".

Wie die Beispiele zeigen, argumentiert Walter Benjamin auf verschiedenen Ebenen: Es geht ihm um historische und gesellschaftliche Aufklärung. Darüber hinaus verliert er aber auch das von Lipman so bezeichnete „Werkzeug" des Denkens nicht aus den Augen. Was aber bei Lipman teils ohne Anbindung an aufklärerisches Gedankengut präsentiert wird, bindet Benjamin an gesellschaftliche Aspekte an. Dies wird an seiner Kritik des Vorurteils deutlich.

Auch der zeitgenössische Philosophiedidaktiker Ekkehard Martens knüpft an aufklärerischen Traditionen an. Martens kann als eigentlicher Wegbereiter für die Kinderphilosophie im deutschsprachigen Raum angesehen werden.[52] Mit seinen umfassenden und reichhaltigen Studien trägt Martens in besonderem Maße dazu bei, dem Philosophieren mit Kindern ein schlüssiges Konzept zu unterlegen. Geboren 1943, Professor für Didaktik der Philosophie und der alten Sprachen an der Universität Hamburg, Mitherausgeber der „Zeitschrift für Didaktik der Philosophie und Ethik", sieht Martens Kinderphilosophie als ein Teilgebiet der Philosophiedidaktik. Er knüpft über die vorgestellten Ansätze von Lipman und Matthews hinausgehend ausdrücklich an Immanuel Kant als zentralen Philosophen der Aufklärung an. Die Rundfunkvorträge Benjamins zieht er als Praxisbeispiele für eine „Aufklärung" für Kinder heran.

Ausgangspunkt ist für ihn Kants Aufforderung zum „Selbstdenken", die dieser als Maxime der Aufklärung formulierte: Habe Mut, dich deines eigenen Verstandes zu bedienen. Mit dieser Aufforderung ist Philosophie „ähnlich wie Lesen, Schreiben und Rechnen – eine elementare Kulturtechnik humaner Lebensführung und Lebensgestaltung." Das bedeutet: Das, „was an Philosophie lehr- und lernbar oder einübbar ist, sollte genutzt werden, auch und gerade mit Kindern."[53] Entgegen der Unterordnung unter Autoritäten, bloß schwärmerischer Hingabe oder unvernünftigem Handeln – den klassischen Attributen voraufklärerischer Haltung – steht das Gebot, sich im Denken zu orientieren.[54] Das Selbstdenken bildet, laut Kant, den „Wegweiser oder Kompaß". Ein Kompass, der auch helfen kann, sich in großstädtischen Passagen zurecht zu finden.

3 Praktisches Philosophieren mit Kindern

Unser Rundgang durch die unterschiedlichen Ansätze des Philosophierens mit Kindern hat uns jetzt in die Lage versetzt, das Gebiet der Kinderphilosophie genauer abzustecken. Sind wir bislang eher von Kindern, von ihrer Entwicklung und ihren Fähigkeiten ausgegangen, möchten wir nun von der Philosophie selbst, von dem was sie ist und was sie leisten kann, ausgehen. In den folgenden drei Kapiteln formulieren wir die zentralen Momente der Kinderphilosophie in Form von sieben Thesen.

Was ist eigentlich Philosophie? Bislang sind wir über Andeutungen nicht hinausgekommen. Der Grund hierfür ist nicht einfach nur in einem Versäumnis zu sehen. Vielmehr erweist sich die Philosophie selbst als schwer zu fassen. Ziehen wir ein breit angelegtes philosophisches Standardlexikon zu Rate: Im „Historischen Wörterbuch der Philosophie" findet sich unter dem Stichwort „Philosophie" ein Eintrag. Dieser umfasst mehrere hundert Spalten und ist inzwischen auch als eigenständige Buchpublikation erschienen. Was lässt sich daraus schließen? Zunächst einmal, dass die Frage, was Philosophie ist, offensichtlich nur mit vielen Worten zu beantworten ist. Darüber hinaus ist es aber auch ein Hinweis darauf, dass Philosophen selbst immer wieder auf diese Frage zurückkommen und die Frage nach der Philosophie teils sehr kontrovers diskutieren: Die Beantwortung der Frage, was Philosophie ist, ist selbst schon wieder Teil des Philosophierens.

In diesem Rahmen machen wir erst gar nicht den Versuch, eine umfassende Antwort auf die Frage nach der Philosophie zu geben. Wir versuchen es mit einer Annäherung. Der von uns schon mehrfach herangezogene Philosoph Immanuel Kant hat festgestellt, dass nicht Philosophie sondern Philosophieren erlernbar ist.[1] Philosophie geht nicht darin auf, dass möglichst viele Biographien und Werke von wirkmächtigen Denkern vermittelt bzw. abgespeichert und dass somit die Philosophie nach Hause getragen wird. Philosophie ist nach dem Diktum Kants offenbar mehr als die Summe lexikalisch gestalteten Wissens. Sie ist ein *Vollzug*, und als Vollzug bezeichnet sie die Liebe (philo) zur und somit das Streben nach Weisheit (sophie). Philosophie bedeutet, kritisches Infragestellen, bedeutet Reflexion und Austausch über das Reflektierte (Dialog).[2]

Die einzelnen Elemente von Philosophie – Fragen, Kritik und Dialog – werden im folgenden näher erläutert und auf ihren Bezug zum Philosophieren mit Kinder untersucht.

3.1 Staunend fragen

Eher beiläufig hat Robert Spaeman Philosophie als Bemühen um Weltverständnis definiert.[3] Diese Definition ist so allgemein gehalten, dass sie wohl kaum auf Widerstand stoßen wird. Gleichzeitig ist sie nicht so allgemein, dass sie inhaltsleer wäre. Sie verdeutlicht, dass es wohl keinen Menschen gibt, der nicht selbst philosophiert. Jeder Mensch wird zumindest in bestimmten Augenblicken sich und der Welt fragend gegenüber stehen. Wir haben bereits eingangs den Menschen als das durch die Fähigkeit des Fragens ausgezeichnete Wesen vorgestellt: Philosophie ist also nichts dem Menschen Fremdes oder Äußerliches. Jeder Mensch ist zeitweise auch Philosoph.

Im Laufe unserer weiteren Darstellung hat sich sodann gezeigt, dass in der für Kinder charakteristischen Naivität, ein exklusiver Zugang zum Fragen besteht. Kindern ist vieles neu, was

Erwachsenen längst geklärt scheint. Was aber geklärt ist, gibt keinen Anlass, Fragen zu stellen.[4] Ist dennoch etwas fraglich, tritt die zweite, unter Erwachsenen verbreitete Technik zur Vermeidung von Fragen ein: das Hinnehmen. Es äußert sich in solch profunden Sätzen wie, „Es ist, wie es ist" oder – wie es im Rheinland heißt – „Et hett noch immer jootjejange" (Es ist noch immer gutgegangen), die teils durchaus Zeichen einer gelassenen, vielleicht auch philosophischen Haltung sein können, teils aber nur dazu dienen, Fragen und das Infrage-stellen, einzustellen.

Dies zeigt: Philosophie gehört zwar wesensmäßig zum Menschen, aber im Vergleich zu Erwachsenen leben Kinder oft in ursprünglicherer Nähe zur Philosophie. Kinder erfragen die Welt. Sie tun dies ohne Rücksichtnahme. Kinder fragen selbst dann, wenn es Erwachsenen scheint, es gäbe nichts zu fragen, Fragen sei gerade in diesem Moment unschicklich und eher peinlich oder aber die Penetranz kindlichen Fragens sei bereits zur Geduldsprobe geworden. Dies führt zu einer ersten These:

Philosophieren mit Kindern ist nichts den Kindern von außen Aufgedrängtes. Kinder leben in ursprünglicher Nähe zur Philosophie. Oder anders: Jeder Philosoph ist auch kindlich.

Anders als Erwachsene, die oft genug bewusst oder unbewusst Fragevermeidungstechniken ausgebildet haben, stehen Kinder der Welt staunend gegenüber. Genau diese Haltung ist es, von der Philosophie ausgeht. Die Ahnherren der abendländischen Philosophie, Platon und Aristoteles, stellen beide das Staunen als Ursprung des Philosophierens heraus.[5] Staunen bedeutet, sich dem Begegnenden gegenüber zu öffnen und es verstehen zu wollen. Offenheit und Interesse (Wissenwollen) sind philosophische Grundhaltungen der Welt gegenüber. Und der spezi-

fisch philosophische Zugang zur Welt ist das Fragen. Philosophen blicken gewissermaßen mit Kinderaugen auch dort fragend, wo die Fragen allzu oft der Routine, dem Alltagstrott oder
den vermeintlichen Sicherheiten gewichen sind.

Die häufig fehlende Bereitschaft oder Fähigkeit, Gegebenes in
Frage zu stellen, wurde in der Philosophie mehrfach beschrieben.
So hat sich beispielsweise Martin Heidegger (1889–1976) in
„Sein und Zeit", einem Schlüsseltext für die Philosophie des 20.
Jahrhunderts, zu diesem Problem geäußert. Mit der Lehre vom
„Man", dem Eingenommensein von den Einstellungen und Vor-
stellungen der Menge (Masse), hat er die fehlende Bereitschaft,
Übliches in Frage zu stellen, prägnant beschrieben. „Abständig-
keit, Durchschnittlichkeit, Einebnung"[6] sind die Kennzeichen ei-
ner solchen Lebensweise.

Jeder kennt wohl das Unbehagen, dass von solch ungenügen-
den Erklärungen wie „Das tut man nicht" ausgeht. Und jeder
kennt wohl auch die Entlastung, die der Begründung „Das tut
man nicht" innewohnt. Gerade die Entlastungsfunktion trägt
dazu bei, etwas eher hinzunehmen, als diesem auf den Grund
zu gehen.

Wann aber verliert sich das unbefangene Fragen? Erfahrungs-
werte weisen darauf hin, dass diese Unbefangenheit häufig bereits im frühen Kindesalter verloren geht. So sieht Matthews einen deutlichen Rückgang philosophisch orientierten Fragens bei
Kindern im Alter zwischen acht und neun Jahren.[7] Matthews
stützt sich auf seine Erfahrungen im Umgang mit Kindern.[8] Er
mutmaßt, dass Kinder, sind sie erst einmal in der Schule fest ver-
ankert, bereits ausschließlich von ihnen erwartete, „nützliche"
Fragen zu stellen lernen.

Diesem Problemfeld begegnen wir auch in dem vielleicht
philosophisch reichsten Kinderbuch, das bis zum heutigen
Tage geschrieben wurde. 1865 veröffentlichte Charles Lutwidge
Dodgson unter dem Pseudonym Lewis Carroll „Alice im Wun-

derland". Sechs Jahre später erschien „Alice hinter den Spiegeln". In dieser zweiten wunderbaren Abenteuerreise findet sich eine der treffendsten Beschreibungen der Anforderungen, die unsere moderne, komplexe und schnelllebige Welt an ihre Bewohner stellt:

Das Mädchen Alice und die Königin des Landes hinter den Spiegeln, das wie ein Schachbrett gestaltet ist, laufen zusammen von einem Feld zu einem anderen. Hierbei macht Alice eine merkwürdige Entdeckung[9]:

> Das seltsamste dabei war, daß sich die Bäume und alles andere um sie her überhaupt nicht vom Fleck rührten: wie schnell sie auch rannte, liefen sie doch anscheinend nie an etwas vorbei. „Ob vielleicht alles mit uns läuft?" dachte die arme verwirrte Alice im Stillen. Und die Königin erriet anscheinend ihre Gedanken, denn sie rief: „Schneller! Jetzt ist keine Zeit zum Reden!" Und etwas später klärt die Königin Alice auf: „Hierzulande mußt du so schnell rennen, wie du kannst, wenn du am gleichen Fleck bleiben willst. Und um woandershin zu kommen, muß man noch mindestens doppelt so schnell laufen!"

Doch bereits bei einfacher Höchstgeschwindigkeit wurde Alice zum Schweigen aufgefordert. Und dies obwohl sie doch zunächst einmal nur sich selbst eine Frage vorlegte, ohne sie laut zu äußern. Fragen bedeutet, auf den Weg zu achten. Fragen verlangsamt hin und wieder. Fragen kann die allgemeine Umtriebigkeit stören.

Philosophieren mit Kindern bedeutet – als Gegengewicht – eine ausdrückliche Aufwertung von Fragen: Fragen werden nicht als Nichtverstehen, sondern als Neugierde und Interesse interpretiert. Kinder erleben ihr Fragen als etwas Positives, nicht aber als etwas Lästiges und andere Störendes. Erfahrungsberichte zeigen, dass Philosophieren mit Kindern geradezu zu einer „Fragewut" bei Kindern führt[10], ein Indiz dafür, dass sie viele ihrer Fragen in anderen Zusammenhängen nicht stellen bzw. sich nicht trauen, sie zu stellen. Philosophieren mit Kindern zielt darauf ab, eine *Fragekultur* zu etablieren. Ein sehr schönes Bild für eine solche Fragekultur hat Jostein Gaarder in seinem Kinderbuch „Hallo, ist da jemand?"[11] gefunden.

> Gaarder berichtet hier vom Zusammentreffen eines kleinen Jungens mit einem Wesen von einem weit entfernten Planeten. Mika, so heißt der Außerirdische, erzählt von der Angewohnheit bei ihm zu Hause, sich zu verneigen, wenn jemand eine Frage stellt. Und je tiefsinniger die Frage, desto tiefer die Verneigung. Hierdurch werden Fragen und der Fragesteller gewürdigt. Bei Antworten bezeugen die Planetenbewohner demgegenüber keine Ehrerbietung: „Wer sich verneigt, beugt sich (…) Du darfst dich nie einer Antwort beugen."[12]

So viele Lichtjahre müssen wir aber gar nicht reisen, um uns eine solche Fragekultur anzusehen. Bleiben wir auf unserem Planeten und reisen nur zurück in die Zeit, zu einem Zeitgenossen Immanuel Kants, zu Georg Christoph Lichtenberg (1742–1799), einem bedeutenden Aufklärer. „Eine von den Hauptfragen" so schreibt Lichtenberg „ist wohl immer und zwar bei den bekanntesten Dingen: ist das auch wirklich so. (…) Es ist hier nur schade, dass man grade dann nicht fragt, wenn es am nötigsten wäre"[13]. Oder noch deutlicher: „Zweifel an allem wenigstens einmal, und wäre es auch der Satz: zweimal 2 ist 4".[14] Und mit Blick auf die Kinder hatte er folgenden pädagogischen Wunsch: „Wenn man nur die Kinder dahin erziehen könnte, dass ihnen alles Undeutliche völlig unverständlich wäre".[15] Lichtenberg wünschte eine Erziehung hin zur Frage. Er suchte eine *Pädagogik der Fragekultur*.

Der Blick in die Sterne und in die Vergangenheit führt uns zu unserer nächsten These:

**Philosophieren mit Kindern hilft,
unbefangenes Fragen bei Kindern zu bewahren.**

Indem Erwachsene sich durch das Philosophieren mit Kindern bewusst den Zumutungen kindlichen Fragens aussetzen, wird auch auf Seiten der Erwachsenen die Fragekultur Wirkung zeigen. Es gilt darum ebenso:

**Philosophieren mit Kindern hilft,
unbefangenes Fragen bei Erwachsenen zu wecken.**

Um Missverständnisse zu vermeiden, fassen wir unsere Überlegungen zum Staunen und Fragen nochmals zusammen: Es wurde auf die Natürlichkeit und Ursprünglichkeit des Philosophierens verwiesen, sowie auf die Notwendigkeit, im Rahmen des Philosophierens mit Kindern eine Fragekultur zu entwickeln. Demgegenüber ist nicht von einer philosophischen Begabung der Kinder die Rede: Kinder haben nicht per se bessere (allerdings auch nicht unbedingt schlechtere) Antworten auf philosophische Fragen als Erwachsene. Sie haben zunächst einmal nur mehr Fragen.

3.2 Kritisch denken

Zwar haben wir gesehen, dass ein philosophischer Zugang zur Welt Kindern nicht fremd ist. Unklar bleibt aber, warum Kinder philosophieren sollten. Also: „Wozu eigentlich Kinderphilosophie?" Zuvor steht die Frage: „Wozu überhaupt Philosophie?"

Als eine Art Grundlagenforschung war die Philosophie von Beginn an umstritten. Eine solche Forschung wird zwar meist interessiert zur Kenntnis genommen. Gleichzeitig wird sie aber skeptisch betrachtet, weil nicht eindeutig feststeht, welchen Nutzen sie hat und ob ihre Erkenntnisse verwertbar sind. Über einen der ersten Philosophen, Thales von Milet, erzählt Sokrates folgende Geschichte:

> *Als er (gemeint ist Thales), die himmlischen Erscheinungen zu beobachten, nach oben blickte und darob in einen Brunnen fiel, soll eine kluge und witzige thrakische Magd ihn verspottet haben, daß er voll Eifers der Kenntnis der himmlischen Dinge nachtrachte, von dem aber, was vor der Nase und vor den Füßen liege keine Ahnung habe. Der nämliche Spott paßt auf alle, die sich ganz der Philosophie ergeben haben.*[16]

Für die Magd stellte sich die – im übrigen sehr philosophische – Frage, wie Thales Erkenntnisse über Gestirne und Himmel erlangen will, wenn er das Alltägliche kaum bewältigen kann. Schon bald aber erzählte Aristoteles eine „Gegengeschichte", in der er Kritik an der Kritik der Philosophie übte: Gerade wegen seiner guten astronomischen Kenntnisse habe Thales eine reiche Ölernte vorhergesehen und habe dadurch entsprechende Schritte einleiten können, um mit seinem Wissen viel Geld zu verdienen. Kurz: Thales habe seine Geschäftstüchtigkeit bewiesen, zeigte aber keinerlei Interesse an einem Dasein als Geschäftsmann und gab sich wieder seinen Studien hin.[17]

Aristoteles zeigt also zunächst, dass Thales gekonnt hätte, hätte er nur gewollt. Dies ist bildlich gesprochen der Knochen, den Aristoteles all denen hinwirft, die Sinn und Nutzen einer Tätigkeit an dem Erfolg, an der Verwertbarkeit und Einsetzbarkeit bemessen. Aber Thales geht es offensichtlich nicht darum. Er wandte sich erneut seiner Philosophie zu.

Das Interesse an philosophischen Fragestellungen jenseits aller Überlegungen zur Verwertbarkeit, liegt darin begründet, dass der Mensch von Natur aus nach Wissen strebt (Aristoteles). Er will sich und die Welt, in der er sich bewegt, verstehen. Er will nicht herumirren, sondern sich orientieren: Als Streben nach Weisheit ist Philosophie seit ihren Anfängen Aufklärung (auch Aufklärung über Aufklärung). Als Weisheitsstreben setzt Philosophie Mündigkeit voraus. Sie beinhaltet die Aufforderung, sich des eigenen Verstandes zu bedienen. Sie gibt sich nicht zu früh zufrieden mit Antworten, bleibt offen für Nie-Gehörtes und gerade auch für Alltägliches, das in seiner Alltäglichkeit nie in Frage gestellt wird. Daraus folgt eine vierte These:

In der Aufklärung liegt der originär pädagogische Impetus der Philosophie.

Diesen pädagogischen Gehalt der Philosophie haben wir bereits im Zusammenhang mit den Sophisten und Sokrates kennengelernt. Geschichtlich kam er erneut in der „Epoche der Aufklärung" zum Tragen: Diese Zeit steht unter dem Zeichen der Erziehung des Menschen und des ganzen Menschengeschlechts. Die Idee der allgemeinen Volksbildung ist für die gesamte „Aufklärung" charakteristisch. Es ist die Zeit, in der die Öffentlichkeit und damit auch die Möglichkeit zur Teilhabe hergestellt wird. [18]

Kant hat die Epoche der Aufklärung als das Zeitalter der Kritik bezeichnet. Ursprünglich bedeutet *Kritik* „beurteilen", „entscheiden", „unterscheiden". In der Zeit der Aufklärung wird Kritik zum zentralen Weltzugang, insofern alle Erkenntnisse und Erkenntnisansprüche dem Gerichtshof der Vernunft (Kant) vorzulegen und auf ihre Geltung hin zu prüfen sind. Kritik heißt Selbstbestimmung und selbsttätiges Denken und steht im Gegensatz zum Dogma, das kraft Autorität vom Katheder aus gelehrt wird.

Nach einer vielzitierten Definition von Kant ist Aufklärung der Ausgang des Menschen aus seiner selbst verschuldeten Unmündigkeit. Erläuternd setzt Kant hinzu, Unmündigkeit bedeute, sich des eigenen Verstandes nicht zu bedienen. Selbstverschuldet sei die Unmündigkeit, weil sich ein großer Teil der Menschen aus Feigheit oder Faulheit ihres Verstandes nicht bedienten.[19] In Anlehnung an Kants berühmte Aufklärungsformel formulieren wir mit Blick auf Kinderphilosophie eine weitere These:

Philosophieren mit Kindern hilft, den Einstieg in die Unmündigkeit (hinauszuschieben oder ganz) zu verhindern!

Wir haben bereits im Zusammenhang mit Walter Benjamin und Ekkehard Martens gesehen, dass „sich im Denken orientieren" ein zentrales Motiv von Kinderphilosophie ist. Philosophie als ein in diesem Sinne verstandenes *Orientierungswissen* stellt einen Kompass dar. Sie ist Kartenkunde, liefert aber keine Wegbeschreibungen: Sie ist kein Orientierungsangebot. Philosophie kann helfen, nicht einfach loszustürmen, herumzuirren oder einfach hinterherzulaufen. Sie gibt aber keine Ziele vor. Um in diesem Bild zu bleiben: Philosophie stellt nicht einmal ein voll ausgebautes Straßen- und Wegenetz zur Verfügung. Aber sie kann helfen, sich in unbekanntem Gebiet zu bewegen.[20]

Auch wenn Kulturpessimismus eine Begleiterscheinung jeder Epoche ist, so kann doch mit einem gewissen Recht darauf hingewiesen werden, dass Überlegungen zum Orientierungswissen in der heutigen Zeit von besonderer Bedeutung sind. Knüpfen wir an unsere Überlegungen zu den sich wandelnden Lebensbedingungen an: In der modernen Gesellschaft stehen Menschen dem Phänomen der zunehmenden Bindungs- und Haltlosigkeit gegenüber. Tradierte Bezugsysteme verlieren ihre Überzeugungskraft (z. B. Kirche). Instanzen der Einbindung in Gemeinschaften und in Gesellschaft verlieren an Attraktivität (z. B. Sportvereine, Parteien, Nachbarschaft). Zwar bestehen weiterhin auch intakte Gemeinschaften. Insgesamt aber müssen Menschen in unserer modernen, nachmodernen, liberalen, pluralen, globalen – oder welche Bezeichnungen es noch geben mag – Gesellschaft ihr Leben selbst führen, sind in einem bisher nicht gekannten Maße auf sich selbst gestellt.[21] Orientierung ist in einer solchen Situation ein knappes Gut, nach dem die Nachfrage steigt.

Auf der anderen Seite ist Orientierung ein Gut, das auf dem „Sinn-Markt" im Überangebot feilgeboten wird. Sicherlich gab es noch nie so viele Orientierungsangebote, die aus der ganzen Welt zusammengesucht und teils synkretistisch und bis zur Unkenntlichkeit trivialisiert aber in jedem Fall medien- und öffentlichkeitswirksam aufbereitet, verbreitet werden. Sinnangebote und Sinnangeber zeigen sich, wohin man blickt. Psychosekten und Esoteriker behaupten, den „Stein der Weisen" zu besitzen. Sie alle versprechen Lebenshilfe und Orientierung. Wie soll sich der Einzelne noch zurecht finden?[22] Die Orientierung in den Orientierungsangeboten wird zunehmend zu einem Problem.

Sollte diese zugegebenermaßen schematische Beschreibung der heutigen gesellschaftlichen Situation entsprechen, können wir eine weitere These im Zusammenhang mit Kinderphilosophie formulieren:

Als Aufbau von Orientierungswissen gewinnt Philosophieren mit Kindern für die heutige Gesellschaft immer mehr an Bedeutung.

Um unser Bild vom Kompass und von der Kartenkunde nochmals aufzugreifen: Mit zunehmender Komplexität des Straßen- und Wegenetzes gewinnt auch die Kartenkunde an Bedeutung.

Die Angebotsvielfalt in nahezu jedem Lebensbereich, sowie die Fülle an Informationen rückt die Fähigkeiten des Unter- und Entscheidens, des Abwägens, der Geltungsprüfung sowie der gesprächsorientierten Auseinandersetzung mit anderen in den Mittelpunkt, damit durch intelligente Kategorisierungen und Subsumierungen sowie durch begründete Selektionsleistungen Wissensstrukturen ermöglicht werden, die überschaubar und dadurch handhabbar und lebbar sind. Um in der vielfach beschriebenen Komplexität und Unübersichtlichkeit unserer Welt nicht unterzugehen, um sich selbst als Individuum behaupten zu können, müssen früh genug tragfähige Kompetenzen ausgebildet werden. Philosophieren mit Kindern bildet hierzu einen Beitrag.

3.3 Dialoge führen

Wir haben gesehen, dass Philosophie einen Vollzug meint, der eine Haltung der Offenheit der Welt gegenüber beinhaltet. Sodann zeigte sich, dass Philosophie auch eine bestimmte Stellung innerhalb der Welt beschreibt: Selbsttätig denkend sich in der Welt orientieren.

Das Medium, in dem Denken stattfindet, ist das Gespräch. Philosophieren bedeutet fragen, antworten, prüfen, Antworten verwerfen. Kurz: Philosophieren bedeutet, in einen Dialog treten, sei es mit sich selbst, mit Büchern oder mit anderen. Dabei handelt es sich nicht um ein beliebiges Gespräch. Es ist nicht eine beliebige Plauderei. Es geht vielmehr immer um das ernste und wahrhaftige Bemühen, sich über die Welt, die einen umgibt, zu verständigen. Wir greifen Lipmans Unterscheidung zwischen Gegenstand, Werkzeug und Hintergrund / Gesprächsklima nochmals auf: Es ist nicht allein das Thema, das einen Dialog zu einem philosophischen Dialog werden lässt. Hinzukommen müssen sowohl Standards der Argumentation (Argumentationsregeln / Logik) als auch gewisse Standards im Umgang der Redenden miteinander (Diskursregeln).

Auf die Gefahr einseitiger Ausrichtung des Philosophierens mit Kindern auf die Vermittlung von Argumentationsregeln und Logik haben wir bereits im Zusammenhang mit der Darstellung Lipmans und den Vermittlungstheorien hingewiesen. An dieser Stelle folgt deshalb der Hinweis, dass Philosophieren mit Kindern dazu beiträgt, das Handwerkzeug des Denkens zu vermitteln.[23] Weitgehend unbeachtet blieb allerdings das Selbstverständnis aller am philosophischen Gespräch Beteiligter: Wahrheitsanspruch, Richtigkeitsanspruch und Wahrhaftigkeitsanspruch jedes Einzelnen sind Voraussetzungen für das ernsthafte Bemühen, etwas wissen und verstehen zu wollen. Aus diesen Ansprüchen ergeben sich grundlegende Regeln für den praktischen Umgang mit sich und den philosophischen Gesprächspartnern:[24]

1. Will man etwas ernstlich wissen und verstehen, muss man sich mit allen Meinungen und Ansichten über den untersuchten Gegenstand auseinandersetzen. Das bedeutet, dass zunächst einmal alle Gesprächsteilnehmer sagen dürfen, was sie wollen.
2. Darüber hinaus müssen alle die gleiche Chance haben, sich zu äußern.[25]
3. Auch muss allen Beiträgen das gleiche Gewicht beigemessen werden. Auf alle Argumente und Beiträge muss vorurteilsfrei eingegangen werden.
4. Schließlich sollte der Gesprächsverlauf so weit wie möglich durch die Gesprächsteilnehmer selbst festgelegt werden.

Indem diese grundlegenden Regeln im Philosophieren mit Kindern eingeübt werden, kann als letzte These folgender Nutzen der Kinderphilosophie formuliert werden:

Philosophieren mit Kindern vermittelt kommunikative
Fähigkeiten, die einen vernünftigen Umgang
mit Anderen befördern. Sie helfen das Selbstvertrauen
zu stärken und Toleranz und Respekt vermitteln.
Kinder lernen nicht nur zu Reden, Ansichten zu
entwickeln und Meinungen zu vertreten,
sondern auch anderen zuzuhören, sie als gleichwertige
Gesprächspartner zu akzeptieren.

Wie muss Philosophieren mit Kindern aber grundsätzlich in der
Praxis gestaltet sein, um solche Aspekte zu fördern? In einer ersten Annäherung betrachten wir zunächst unterschiedliche Formen zu Philosophieren. Es ist wichtig, die folgende Typologie
nicht bloß als eine Reihe verschiedener Didaktikmodelle zur
Vermittlung von Philosophie anzusehen. Die im Folgenden beschriebenen Typen unterscheiden sich durch ihr philosophisches Selbstverständnis:

■ Grundsätzlich unterscheiden wir danach, ob Philosophie
sich eher auf überkommene Lehren bezieht oder als Inter-
aktion zwischen mehreren Personen, als Gedankenaustausch
verstanden wird. Philosophieren bezeichnen wir als „monologisch", wenn der Bezug zu tradierter Philosophie im Vordergrund steht. „Dialogisch" ist ein Philosophieren, wenn es
als ein Geschehen zwischen zwei oder mehr Gesprächspartnern verstanden wird.

■ Zum anderen unterscheiden wir danach, ob davon ausgegangen wird, dass Erkenntnisse alleine oder nur in Gemeinschaft
mit anderen zu erhalten sind. Als „geschlossen" bezeichnen
wir ein Philosophieren, das anderen Erkenntnisse und Einsichten vermitteln will. „Offen" ist demgegenüber Philosophieren dann, wenn es Erkenntnisse mit anderen entwickelt.

Das folgende Schema ist angelehnt an eine von Herbert
Schnädelbach ausgearbeitete Typologie[26]. Schnädelbachs Unterscheidung zwischen doktrinär und dialogisch haben wir
übernommen. Uns erscheint der Begriff „monologisch" gerechtfertigt, da der doktrinale, das heißt dem lehrbaren Wissen verpflichteten Philosophietyp prinzipiell auf ein konkret
anwesendes Gegenüber verzichten kann.[27]

	Monologisch	Dialogisch
Geschlossen	vom Katheder herab	sokratischer Dialog
Offen	Gelehrtengespräch	philosophisches Gespräch (Philosophengespräch)

Aus der Kombination dieser Aspekte ergeben sich vier Typen
des Philosophierens, auch des Philosophierens mit Kindern: *Ge-
schlossenes monologisches Philosophieren* kann als Philosophieren
„vom Katheder herab" bezeichnet werden. Es ist dies die typische Vortragssituation, in der alle Fragen an das Ende des Vor-
trags gelegt werden, um den Gedankengang des Vortragenden
nach Möglichkeit nicht zu unterbrechen. *Offenes monologisches
Philosophieren* bezeichnen wir als „Gelehrtengespräch", insofern
weniger auf die Gesprächspartner eingegangen wird, als vielmehr die jeweiligen philosophischen Traditionen und philosophischen Lehren vertreten werden. Als gutes Beispiel für ein *ge-
schlossenes dialogisches Philosophieren* eignet sich der sokratische
Dialog, wie wir ihn kritisch eingeführt haben. In diesem findet
zwar eine Auseinandersetzung mit den Gesprächsteilnehmern
statt, das Gespräch wird aber durch den Gesprächsleiter auch
in inhaltlicher Hinsicht gelenkt. Schließlich bildet das „philosophische Gespräch" im engeren Sinne, als *offenes dialogisches*

Philosophieren, einen Austausch unter gleichberechtigten Gesprächspartnern zum Zwecke der Verständigung über die Welt.

An dieser Stelle werden die Schnittpunkte zwischen der „Philosophischen Praxis" und dem „Philosophieren mit Kindern" erneut deutlich. Genau hier greifen die Philosophische Praxis und „Kinderphilosophie" mit ihren Grundhaltungen ineinander. Insofern sprechen wir vom *Praktischen Philosophieren mit Kindern.* Mit ihrem Ziel, dass sich für den Menschen, den sie berät, etwas ändere, ist auf Seiten der Philosophischen Praxis die Ablehnung einer jeden Strategie verbunden, die zur Entmündigung des Gesprächspartners beitragen könnte. Die Offenheit Praktischen Philosophierens bedeutet den Verzicht auf die Annahme, dass sich hinter allem Gesagten ein Pool allgemeiner Wahrheiten befindet. Ein Pool, in den man nur einzutauchen hätte, um das Schwimmen zu lernen. Im Philosophieren mit Kindern, das sich als Bestandteil einer Philosophischen Praxis versteht, gibt es keinen Sokrates, der – um im Bild zu bleiben – als Bademeister dafür sorgt, dass der Schwimmlehrling nicht ertrinkt.

Der Philosophische Praktiker und der Kinderphilosoph haben einen ganz anderen Blick auf ihre Gesprächspartner: Vor ihnen sitzt nicht in erster Linie ein Schüler, den es zu unterrichten gilt. Der Philosophischen Praxis geht es nicht um die Vermittlung einer allgemeinen Erkenntnis. Festgelegte Antworten zu schon festgelegten Fragestellungen können nicht das Bestreben der Philosophischen Praxis sein. Es geht um die konkreten, real anwesenden Personen und ihre konkreten, realen Fragen, die sie an sich und die Welt stellen. Philosophieren mit Kindern und Philosophische Praxis vertrauen dem Denken ihrer Gesprächspartner.

Doch noch einmal zurück zum Schema. Wie in so vielen Schemata ist auch hier eine gewisse Einseitigkeit und Vereinfachung nicht zu umgehen. Dennoch kann es helfen, den jeweiligen Standort genauer zu bestimmen. Da es sich um eine idealtypische Einteilung handelt, werden in der Realität die Philosophietypen in reiner Form kaum anzutreffen oder zu empfehlen sein. Ein Vortrag vom Katheder herab, der nicht zumindest auch Elemente eines sokratischen Dialogs enthält wird schwerlich die Aufmerksamkeit der Zuhörer lange fesseln. Und je nach Länge einzelner Gesprächsbeiträge kann ein Gelehrtengespräch in eine Vortragssituation übergehen. Ein gelehrtes Gespräch unter Philosophen muss nicht unbedingt ein philosophisches Gespräch sein. Schließlich sind die Übergänge zwischen sokratischem und philosophischem Dialog fließend. Aber nur im offenen philosophischen Gespräch erhält die Wahrheit „die Chance, immer wieder neu entdeckt zu werden."[28]

Nach allem bis hierhin Gesagtem wird deutlich, dass das „philosophische Gespräch" im engeren Sinne die ideale Vorgabe für das Philosophieren mit Kindern ist. In der Praxis werden philosophische Gespräche Elemente der anderen Typen enthalten (müssen). Wir können vom Kathedralen, dem Sokratischen und dem Gelehrten beim Philosophieren mit Kindern sprechen. Je nach konkreter Gesprächssituation ist das Mischungsverhältnis neu zu bestimmen. Deutlich ist aber, dass im Umgang mit Kindern, vor allem kathedrale und gelehrte Elemente nur sehr gezielt und sparsam zum Einsatz kommen dürfen.

Dieses zugegebenermaßen recht grobe Schema mit der Grundausrichtung am „freien philosophischen Gespräch" werden wir im nun folgenden zweiten Teil des Buches in der Praxis in verschiedenen Ausprägungen weiterverfolgen.

II Wie Kinder zur Philosophie kommen

Philosophie ereignet sich im Gespräch, im Gespräch mit sich selbst (Denken) und im Gespräch mit anderen. Dementsprechend bedeutet Philosophieren mit Kindern zunächst und vor allem, Gespräche mit Kindern zu führen, die im weitesten Sinne als philosophische Gespräche charakterisiert werden können. Wir haben gezeigt, dass solche Gespräche durch Neugier und Fragelust gekennzeichnet und durch gegenseitigen Respekt ausgezeichnet sind. Sie erfordern in gewisser Hinsicht Mut, weil sie als offene Gespräche die Bereitschaft voraussetzen, stets auch eigene Ansichten und lieb gewordene Vorurteile auf den Prüfstand zu stellen. Keiner der Gesprächsteilnehmer ist vor Überraschungen sicher.

Wie entstehen aber philosophische Gespräche? Sie können sich gleichsam natürlich ergeben, indem sie zwanglos an Fragen und Äußerungen von Kindern anknüpfen (Kap. II.2). Sie können aber auch gezielt gesucht und in Gang gesetzt werden. So können beispielsweise Texte vorgelesen oder Geschichten erzählt werden. Diese dienen dann als Ausgangspunkt von philosophischen Unterhaltungen. Wie dies in einer Gruppe von Kindern vor sich gehen kann, zeichnen wir in zwei Gesprächsverläufen nach (Kap. II.3). In dem darauf folgenden Kapitel zeigen wir, dass sich Philosophieren mit Kindern nicht allein im philosophischen Gespräch erschöpft. Abschließend wird in den von uns entwickelten Philosophicals gezeigt, wie sich sowohl begrifflich-abstrakte als auch spielerisch-unterhaltende Elemente des Philosophierens verbinden. Gerade wegen dieser Verbindung stellen Philosophicals einen geeigneten Einstieg in das Philosophieren mit Kindern dar.

Die folgenden Überlegungen und Beispiele geben Einblicke in eine Philosophische Praxis, die sich nur in der Praxis und im Philosophieren selbst zur Gänze erschließt. Was Erwachsenen an Aufgeschlossenheit, Ideenreichtum und Aufmerksamkeit von Seiten der Kinder entgegengebracht wird, haben wir mit Gareth B. Matthews beschrieben. Sie zu erleben, bedeutet eine unvergleichliche Erfahrung: Philosophische Praxis verändert den, der an ihr teilhat. Praktisches Philosophieren mit Kindern ist ein Geschehen, in das sich auch Erwachsene hinein begeben.

Wir beginnen aber mit dem Problem, dass Erwachsene oftmals zuviel Philosophie im Denken des Kindes sehen. Wir mahnen daher zunächst zur Zurückhaltung.

1 „Hilfe, mein Kind philosophiert nicht!" – Falsche Erwartungen

Im Grunde ist es einfach, Anknüpfungspunkte für philosphische Gespräche zu finden. Rufen wir uns noch einmal die sokratische Methode in Erinnerung. Gemäß dieser Methode, entspringt alles Philosophieren konkreten Alltagssituationen. Nelson entwickelte die „Sokratische Methode" als eine Methodik, mit der ausgehend von konkreten Beispielen allgemeine philosophische Sätze herausgearbeitet werden sollen. Grundsätzlich gilt, dass jede Frage durch geeignetes Nachfragen zumindest auf eine philosophische Fragestellung zurückgeführt werden kann. Und schon befindet man sich mitten in einem philosophischen Gespräch.

Aber nicht jede Frage ist philosophisch gemeint. Bedeutet das Unterdrücken philosophischer Fragestellungen Kinder einzuschränken, so gilt gleiches, wenn Fragen philosophisch umgebogen werden. Auf den ersten Blick harmlos klingende Fragen sind es häufig auch. Die Aufgabe des Philosophierens mit Kindern besteht zunächst darin, zu erkennen, wann kindliche Fragen philosophische Fragestellungen berühren. Philosophieren mit Kindern bedeutet eine Sensibilisierung für kindliches Fragen, um diesem gerecht werden zu können. Dies beinhaltet eben auch, dass Kindern keine Fragen aufgedrängt werden dürfen. In diesem Zusammenhang möchten wir auszugsweise einen Brief folgen lassen, den uns ein besorgter Vater zugesandt hat. Zur Erläuterung seien noch kurz die handelnden Personen vorgestellt. Es treten auf Eva Lisa, 9 Jahre, Max, 8 Monate, M., Mutter beider Kinder, H., Vater beider Kinder und Briefschreiber:

Hilfe, mein Kind philosophiert nicht!

(…) Entweder bin ich kein allzu guter Beobachter in Hinsicht auf philosophierende Kinder oder es tut sich bei den Kindern nicht viel. (…) Möglicherweise philosophieren Kinder auch nur, wenn sie dazu gedrängt werden, sei es durch interessierte Eltern, sei es durch gedankliche Zumutungen, wie sie gerade in religiösen Erzählungen enthalten sind. (…) Eva Lisa hat (sich) wohl viele Fragen zu biblischen Geschichten gar nicht gestellt, (die ich (mir) als Kind gestellt habe), weil ich sie ihr als Geschichten vermittelt habe. (…) Vor circa einem Jahr las ich Eva das Buch „Hallo ist da wer?" von Jostein Gaarder vor, das insofern gerade passend war, weil dort ein Achtjähriger eine Nacht allein im Haus verbringt, während der Vater die Mutter zur Entbindungsklinik begleitet. In dieser Nacht kommt der Junge über Gott und die Welt ins grübeln und Eva grübelte da auch gerne mit.
Was ist mit moralischen Fragen?: Eva sitzt gestern auf dem Küchenfußboden, Max will über ihre ausgestreckten Beine kriechen. Hinauf gelangt er, hinunter (die wenigen cm) stürzt er und knallt mit der Stirn auf die Fliesen, denn sein Kopf ist schwer und die Hände zu gezieltem Abstützen noch nicht flink genug. Max schreit, M. schreit und Eva fängt sofort an zu heulen, läuft schreiend in ihr Zimmer, wobei sie mehrfach wiederholt: „Ich bin schuld, ich bin schuld." M. tröstet Max und hält ihm einen Eisbeutel an die Stirn, ich laufe zu Eva und beruhige sie. Am Abend frage ich Eva, warum sie denn auf Max' Sturz hin immer wieder ausgerufen habe, dass sie schuld sei. Was ich ihr nicht sage: Lediglich dann würde so eine Selbstbezichtigung mit Recht erfolgt sein, wenn sie in dem Moment, da ihr Bruder zu stürzen drohte, die Möglichkeit rettend einzugreifen gehabt aber bewusst nicht genutzt hätte, um ihren Bruder stürzen zu sehen.

Dann wäre die Selbstanklage eine Reaktion auf die Erkenntnis gewesen, zum Bösen fähig zu sein. – Aber diese komplizierten Flausen will ich ihr gar nicht ins Ohr setzen, zumal sie eine einfachere Antwort auf meine Frage hat: Wenn sie nicht dort gesessen hätte (wo Fliesen anstelle von Teppich sind), wäre Max nicht so hart aufgeschlagen. Ich rede ihr aus, sich das als Schuld anzurechnen. Dass sie aus dem Vorfall die Lehre zieht, künftig eine Gefahrenquelle mehr zu beachten, reicht vollkommen.

(…)

Von einem philosophisch dürftigen Sonntag
grüßt H.

Deutlich herauszuhören ist die Skepsis des Vaters. Zwar gesteht er seiner Tochter zu, dass sie hin und wieder grübelt (warum nicht philosophiert?). Aber er vermutet, dass philosophische Gedanken Kindern doch eher durch Erwachsene nahegelegt werden; ja es werden ihnen „Flausen" in den Kopf gesetzt. Also ein Plädoyer gegen Kinderphilosophie? Aus unserer Sicht nicht. Eher handelt sich hier um eine Skepsis, die immer Bestandteil des Philosophierens mit Kindern sein sollte. Wir können uns auf Georg Christoph Lichtenberg berufen: „Ist denn etwa die Lage so selten in der einem Philosophie das Philosophieren versagt?"[1]

Dies fragt gerade derjenige Philosoph, den wir als Gewährsmann für eine Pädagogik der Fragekultur herangezogen haben. Nehmen wir Lichtenberg beim Wort: Unsere Erfahrungen zeigen, dass es in dreifacher Hinsicht zu prüfen ist, ob es an der Zeit ist, zu philosophieren:

1. Individuelle Unterschiede berücksichtigen

Nehmen Sie Rücksicht auf individuelle Unterschiede. Kinder sind unterschiedlich. Dies ist zwar trivial, aber dennoch wichtig.

Einige Kinder bringen philosophischen Fragestellungen eher sprunghaftes Interesse, andere eine eindrucksvolle Dauer und Beharrlichkeit entgegen. Philosophieren mit Kindern verläuft nicht entlang eines Schemas, das den Gesprächspartnern einfach übergestülpt werden kann.

2. Äußerungen situationsbezogen sehen

Betrachten Sie Fragen und Äußerungen nie isoliert, sondern in der jeweiligen Situation, in der sie geäußert werden. Kinderfragen zielen nicht immer und nicht immer ausschließlich auf ihre Beantwortung. Kinder bezwecken mitunter mit Fragen nur, dass man bei ihnen bleibt, dass sie Aufmerksamkeit erhalten, dass sie beruhigende Stimmen hören etc. Dann ist keine Zeit für philosophische Gespräche. In diesen, so haben wir gesehen, geht es immer auch um das ernsthafte und wahrhafte Bemühen, zu verstehen und zu erkennen. Nur wenn dies die Hauptmotivation ist, sind philosophische Gespräche möglich. Dieses Bemühen um Ernsthaftigkeit muss übrigens sowohl auf Seiten der Kinder als auch der Erwachsenen vorliegen. Kinder dürfen nicht mit vorgefertigten Antworten abgespeist werden. Stellen sich Fragen nach Gott, Tod usw. erzählen Sie nichts, was Sie nicht selbst vertreten können. Und scheuen Sie sich nicht eigene Unsicherheiten offen anzusprechen.

3. Allen Fragen mit Aufmerksamkeit begegnen

Kategorisieren und katalogisieren Sie Fragen nicht vorschnell. Grundsätzlich haben Kinder keine Rangfolge in ihren Fragen. Fragen sind dann wichtig, wenn sie sich stellen. Wir sollten uns davor hüten, sie in ein Korsett einer Bedeutungsfolge z. B. im Sinne von sehr tiefsinnig bis gar nicht tiefsinnig zu zwängen. Schenken Sie allen Fragen zunächst die gleiche Aufmerksamkeit. Philosophische Fragestellungen liegen nicht nur dann vor, wenn Schlüsselbegriffe wie „Tod", „Gott" oder „Himmel" auftauchen.

Es ist vielmehr so, dass Erwachsene vorrangig auf solche Schlüsselbegriffe reagieren.

Es zeigt sich: Philosophieren mit Kindern ist kein Programm, das einfach abgespult werden kann. Vielmehr muss es in jeder Situation immer wieder neu auch auf seine Berechtigung hin überprüft werden.

Sehen wir einmal von den Gesprächspartnern und den Gesprächssituationen ab, so werden wir, auch wenn jede Frage wichtig ist, reine Wissensfragen selten als Anknüpfung für das Philosophieren wählen. „Warum geht die Tür auf, wenn ich davor stehe?", „Warum fährt der Zug so langsam?" etc. Diese Fragen können in der Regel beantwortet werden. Die Herausforderung besteht „lediglich" darin, möglichst kindgerecht die Sachverhalte zu erklären. Sollte ein Kind Sie z. B. nach der Mondfinsternis fragen, so überlegen Sie sich Ihre Antwort genau. Studenten wurden befragt, ob es häufiger bei Vollmond oder bei Halbmond zu einer Mondfinsternis komme. Mehr als die Hälfte der Befragten war der Überzeugung, bei Halbmond fänden Eklipsen statt. Tatsächlich kommt es dazu nur bei Vollmond. Nur in dieser Konstellation stehen Sonne, Erde und Mond in einer Linie zueinander, so dass der Erdschatten den Mond verdunkeln kann.[2]

Hätten Sie es gewusst? Irgendwie ja, vielleicht auch nein? Triviale Wissensfragen? Vielleicht ist es auch gut, einfach nachzulesen. Und sicherlich ist es auch gut, dies zusammen mit Kindern zu tun. Zeigen Sie Kindern, wie und wo Antworten zu finden sind. Seien sie selbst eine vorbildhafte Forscherin bzw. ein vorbildhafter Forscher. Allwissenheit erschlägt eher, als dass sie zur Entdeckungsfreude anregt. Der amerikanisch Philosoph Ronald Reed, ein Schüler von Lipman, schreibt in diesem Zusammenhang:

Lassen Sie sich nicht in ein Auskunftsbüro verwandeln. Sicher-
lich wissen Sie und ich eine ganze Menge wichtiger Dinge. Und
wenn unsere Kinder Fragen stellen, dann sollten wir ihnen
auch eine Antwort geben. Aber mit den Antworten ist das gar
nicht so leicht: oftmals beenden sie nämlich das Gespräch oder
unterbrechen den Denkprozeß.[3]

Deswegen müssen nun keine Wissenslücken vorgespielt werden,
wo keine sind: Ja, Schildkröten laufen schneller als Schnecken.
Dies ist auch ohne nachzulesen zu beantworten, obschon sich
beide wirklich langsam fortbewegen. Nein, Beispiele können
nicht gespielt werden, dafür gibt es aber ganz viele andere Spiele. Nein, Flugzeuge können in der Luft keine Vollbremsung machen etc. Diese Liste ist beliebig fortzuführen und täglich kommen ähnliche oder neue Fragen hinzu, allein schon, um
gestressten Eltern und Erziehern noch ein wenig mehr Stress
zu bereiten. Und dann kann es leicht passieren, zu überhören,
was da eigentlich gefragt wurde.

Die zweite Frage, die Frage nach den Beispielen, stammt übrigens nicht von einem Kind. Jedenfalls wurde sie uns noch
nicht gestellt. Wir haben die Frage von Ludwig Wittgenstein, einem der bedeutendsten Denker des 20. Jahrhunderts, übernommen. Im Laufe unserer Überlegungen sind wir schon mehrfach
auf ihn gestoßen. Für Wittgenstein ist es alles andere als selbstverständlich, dass Beispiele und Ballspiele nichts miteinander zu
tun haben. Woher wissen wir um den Unterschied, wenn sie
doch beide als Spiele bezeichnet werden. Hat eigentlich ein
Schachspiel mehr mit einem Ballspiel als ein Beispiel mit einem
Ballspiel gemeinsam? Der Übergang zu philosophischen Fragestellungen ist fließend.

2 „Die Camembert-Frage" – Philosophie im Alltag versteckt

Nicht jede Frage ist eine philosophische. Woran erkennt man eine philosophische Fragestellung?

- Bei der Philosophie handelt es sich um ein *abstandnehmendes Denken*, das heißt es geht um Fragestellungen und Probleme, die nicht auf einen Einzelfall bezogen sind, sondern grundsätzlich für alle Menschen wichtig sind oder sein können.
- Gegenstand philosophischer Fragestellungen sind *fundamentale Themen*, die sich nicht allein mit Hilfe einer Fachwissenschaft beantworten lassen, Fragen also, die unter verschiedenen Perspektiven betrachtet werden können.[1]
- Aus Sicht der Philosophischen Praxis kommt als drittes Merkmal hinzu, dass bei der Behandlung philosophischer Fragestellungen Fähigkeiten erarbeitet werden, im Alltag neue Perspektiven für das eigene Handeln und Denken zu gewinnen. Wir fassen dies unter den Begriff *Selbsterweiterung*.

Diese drei Kriterien können helfen, alltägliche „philosophiehaltige" Situationen zu erkennen. Wir wollen im Folgenden bei einigen unsystematisch ausgewählten Fragestellungen auf ihr philosophisches Potential hindeuten. Die Ausführungen dienen in erster Linie dazu, das Bewusstsein für die Möglichkeiten solcher Situationen zu schärfen. In einem zweiten Schritt muss dann überlegt werden, wie sich daran auf eine kindgerechte Weise ein philosophisches Gespräch anknüpfen lässt.

Die Frage nach dem Glück

„Was ist etwas?" Das ist die typische Sokrates-Frage. Fragen dieser Art finden sich bei Kindern sehr häufig. Es ist die Frage nach einer Definition, nach dem, was eine Sache ausmacht, nach dem Wesen von etwas. Eine von Kindern und Erwachsenen gleichermaßen häufig gestellte Frage ist z. B. die Frage nach dem Glück: „Was ist Glück?" Bei dieser Frage ist es zunächst wichtig, ihre Mehrdeutigkeit deutlich herauszuarbeiten: Glück kann zum einen im Sinne des Zufälligen verstanden werden, als Glück, das widerfährt ohne eigenes Zutun. Zum anderen kann Glück auch einen inneren Zustand, für den man etwas tun muss, bezeichnen. Im Deutschen ist diese Zweideutigkeit im Begriff der „Glück-Seligkeit" aufbewahrt. Unklar ist, ob derjenige, der sich müht, moralisch lebt etc., auch Glück hat. Das Sprichwort sagt es zumindest. Es ist die Rede vom Glück des Tüchtigen, also wohl von einem Glück, das man zu Recht hat, das man sich verdient hat. Bekanntlich hat aber auch „der dümmste Bauer oft die dicksten Kartoffeln". Gesprächsstoff ohne Ende, und nach unseren Erfahrungen Gesprächsstoff sowohl für Erwachsene (z. B. im Rahmen des Philosophischen Cafés) als auch für Kinder. Und so weit auseinander liegen die Gedanken hier gar nicht. Vielleicht nur soweit, dass von Kindern gut zu lernen ist, wie wenig eigentlich nötig ist, um glücklich zu sein. Wie auch immer: Es ist eine Frage, die alle angeht und auch alle Menschen interessiert. So ist es nicht verwunderlich, dass auch die Philosophie die Frage nach dem Glück seit der Antike mit sich herumträgt. Und seit einigen Jahren wird sie sogar wieder ganz besonders häufig von Philosophen gestellt. Vielleicht auch deshalb, weil unsere Zeit als Zeit des Hedonismus gilt, als Zeit also, in der das Streben nach Glückseligkeit im Vordergrund steht. Dann ist es aber um so wichtiger, sich auch Gedanken darüber zu machen, wonach man da eigentlich strebt.

Die Frage nach der Freundschaft

Eine andere Frage, die die Philosophie ebenfalls seit ihren Anfängen begleitet: Die Frage nach der Freundschaft. Der griechische Philosoph und Mathematiker Pythagoras (Sie erinnern
sich? Der mit dem Satz!) hielt viel von Freundschaft. Die Gruppe um diesen Philosophen war der Überlieferung nach eine eingeschworene Gemeinschaft. An diesen Freundschaftsbund erinnert Friedrich Schiller in seinem Gedicht „Die Bürgschaft",
wenn er dem Tyrannen Dionys die berühmten Worte in den
Mund legt: „Ich sei, gewährt mir die Bitte, in eurem Bunde der
Dritte." Gerade zu diesem altehrwürdigen Thema hatte uns
Marie, 5 Jahre, mit einer Frage überrascht: „Haben Erwachsene
auch Freunde?" Jetzt war es an der Zeit nachzudenken. So einfach, wie es scheinen mag, ist die Antwort nicht. Natürlich waren da Freunde, obwohl es schon im Vergleich zu früher sehr
viel weniger sind. Das, was an der Frage beunruhigte, war die
Frage, wie Marie auf die Frage gekommen ist. Hat sie etwas beobachtet, was es ihrer Meinung nach Erwachsenen unmöglich
macht, Freundschaften zu haben? Also am besten erst einmal
zurückfragen, zumal dadurch auch etwas Zeit gewonnen ist,
sich eine Antwort zu überlegen. Es entwickelte sich so ein sehr
angeregtes Gespräch, das unterbrochen wurde, als eine Freundin zum Spielen vorbeikam. Das Wetter war gut, der Garten
hinter dem Haus wollte erobert werden. Jetzt war offensichtlich
keine Zeit mehr für Philosophie.

Die Frage nach dem Lügen

Deutliche Anknüpfungen an Philosophie finden sich in weiteren Beispielen: Voller Entrüstung fragt Tim, 8 Jahre, „Warum
funktionieren alle meine Lügen nicht?" Er wurde kurz zuvor
beim Schummeln erwischt, hatte sich eine Ausrede ausgedacht,

mit der allerdings der erhoffte Erfolg ausblieb. Es ist interessant zu sehen, dass Tim nicht die Frage nach erlaubt oder nicht erlaubt stellt, obwohl doch Kinder in seinem Alter deutlich über Lügen und Notlügen Auskunft geben, wie wir im nächsten Abschnitt noch sehen werden. Die Lüge wird von Tim als eine Technik verstanden, als ein Mittel, um etwas zu erreichen. Hier ließen sich schnell Bezüge zu der politischen Philosophie der Neuzeit, etwa bei Machiavelli herstellen. Die Grenzen einer solch außermoralischen Betrachtungsweise werden aber schnell deutlich: Was passiert eigentlich, wenn der Belogene weiß, dass er belogen wird. Über Widersprüchlichkeiten gelangt man so wieder zurück in das Feld der Ethik.

Die Frage nach der Unendlichkeit

Kommen wir nun noch zu einem weiteren Beispiel: „Was ist Unendlichkeit?" Devin (6 Jahre) wunderte sich wohl, als er in den Himmel blickte und wirklich sehr weit schauen konnte. Dann lag die Frage nach dem Ende der Welt, die er anschließend stellte, wohl nahe. Es ist allerdings schon verwunderlich, wo einem die Unendlichkeit noch so alles begegnen kann. Im Supermarkt zum Beispiel. Es ist eben nicht nur so, dass niemand im philosophischen Gespräch vor Überraschungen sicher ist. Es ist darüber hinaus auch niemand zu keiner Zeit und nirgends vor der Philosophie sicher. Dies möchten wir abschließend an der „Camembert-Frage" oder der Frage nach der Größe der Unendlichkeit zeigen:

Wir haben schon mehrfach darauf hingewiesen, dass der Anlass, der zum Beginn des Philosophierens führt, nicht in der Beschäftigung mit den großen Fragen und großen Antworten der Philosophiegeschichte liegt. Manchmal reicht auch der Anblick einer Käseschachtel im Supermarkt, um Wesentliches über sich und die Welt zu erfahren. Das Staunen über die geordnete

Wirklichkeit, das wie ein Blitz in unser Erleben einschlägt, erhellt dann für einen Moment „das Dunkel des gelebten Augenblicks" (Ernst Bloch). Jetzt wird uns etwas klar oder fragwürdig in und an der Welt, das vor dem Staunen gar nicht in unserem Denken und unserem Erleben stattfand. Klarheit und Fragwürdigkeit werden dann gleichermaßen zu festen Bestandteilen des Denkens. Die Welt sieht danach anders aus. Ich selbst bin (mir) auch ein anderer geworden.

Eine solchermaßen veränderter Blick in die Welt und auf sich selbst ist mit der „Camembert-Frage" verbunden.

Als die fünfjährige Conny mit ihrer Mutter beim Einkaufen unterwegs ist, sieht sie eine Käseverpackung, die auch heute noch gebräuchlich ist. Diese Umhüllung eines Camemberts zeigt, und damit ist auch der Markenname genannt, das Rotkäppchen, das einen Korb unter dem Arm geklemmt hat, in dem eine Schachtel Rotkäppchen-Camembert liegt, auf der ein Rotkäppchen abgebildet ist, das einen Korb unter dem Arm geklemmt hat, in dem eine Schachtel Rotkäppchen-Camembert liegt, auf der ein Rotkäppchen abgebildet ist, das einen Korb unter dem Arm geklemmt hat, in dem eine Schachtel Rotkäppchen-Camembert liegt, auf der ein Rotkäppchen abgebildet ist, das … usw.[2] Für die kleine Conny war blitzartig klar: „So muss die Unendlichkeit aussehen." Das Unendliche ist für Conny dasjenige, von dem keine Grenze abgesehen werden kann. Die erwachsene Conny ist auch heute noch sehr zufrieden mit sich, hat sie diese Entdeckung doch ganz allein und selbstständig gemacht. Aber nicht nur das. Die erwachsene Conny gibt ihre philosophische Erfahrung an ihre Kinder weiter; sie lässt diese Erfahrung in die Erziehung mit einfließen.

Die philosophische Ernsthaftigkeit der Camembert-Frage ist unzweifelhaft, wenn wir uns folgende Fragen, die sich zwangsläufig aus der Camembert-Frage ergeben, vorlegen:

- Woher weiß ich von dieser Unendlichkeit als Unendlichkeit, wenn ich doch keine Grenze, kein Ende absehen kann?
- Gibt es verschiedene Unendlichkeiten, etwa ein absolut unendliches Ganzes?
- Ist die Welt unendlich?
- Ist das Unendliche das bloß Unmessbare?
- Ist das Unendliche auch immer das Größere?
- Woher kommt meine Vorstellung vom Unendlichen, wenn ich selbst doch endlich bin?

Es zeigt sich, dass in der Käseschachtel die ganze Welt versteckt sein kann. Schauen Sie sich doch jetzt noch einmal den Jungen auf dem Buchcover an. Was er wohl sehen mag?

3 „Was man liebt, verkauft man nicht." – Philosophieren an den Start gebracht

Wir haben uns bislang philosophische Frage- und Problemstellungen angesehen. Nun wenden wir uns dem möglichen Verlauf philosophischer Gespräche zu. Legen wir unser Verständnis des Praktischen Philosophierens mit Kindern zu Grunde, ist einsichtig, dass der Verlauf solcher Gespräche nicht planbar ist. Genau darin liegt unserer Erfahrung nach häufig die Angst begründet, solche Gespräche aufzunehmen. Ein weiterer Grund, sich nicht auf solche Gespräche einzulassen, sind die häufig fehlenden Kenntnisse der Philosophiegeschichte mit den in ihr überlieferten verschiedenen Denkrichtungen. Gegen diese Bedenken ist Folgendes einzuwenden:

■ Zum einen wird der prinzipiell offene Charakter des Philosophierens mit Kindern betont, wenn keine akribische Gesprächsverlaufsplanung vorliegt. Philosophische Gespräche führen auch dann zu Ergebnissen, wenn diese nicht sogleich messbar sind.

■ Zum anderen handelt es sich bei philosophischen Themen um fundamentale Themen, die für alle Menschen bedeutsam sind oder sein können. Diese Themen gehen also grundsätzlich alle an; sie haben daher sehr viel mit gesundem Menschenverstand zu tun. Beispiele für solche Themen finden Sie in den beiden vorherigen Kapiteln.

Nach diesen notwendigen Klärungen wenden wir uns also nun den Protokollen zweier Gruppengespräche zu, die wir in einer Grundschule in Köln durchgeführt haben. Inhaltlich gibt es keine Unterschiede zwischen Zweiergesprächen oder Gruppengesprächen. Vielleicht, dass die Befruchtung innerhalb einer Gruppe hin und wieder zu einem inhaltlich breiteren Spektrum führt. Dafür können Zweiergespräche oder Gespräche in kleineren Gruppen zu einer intensiveren Auseinandersetzung führen.

Anders als bei den vorherigen Beispielen, in denen philosophische Gespräche zwanglos aus alltäglichen Situationen erwachsen, wurde das philosophische Gespräch jetzt gezielt gesucht und zwar mit zwei unterschiedlichen Vorgehensweisen.

Vorgehensweise 1:
Die Themen werden aus der Gesprächssituation entwickelt

Nach Absprache mit der Klassenlehrerin wurden ca. 25 Kinder im Alter von sieben bis neun Jahren über den Besuch eines Erwachsenen, der mit ihnen sprechen will, informiert. Die Kinder konnten sich inhaltlich nicht auf ein bestimmtes Thema vorbereiten. Dies hatte einen einfachen Grund: Es gab keine thematische Vorgabe.

Das erste Gespräch sollte so frei wie möglich sein, die Gesprächsthemen sollten sich aus der Gesprächssituation selbst ergeben. Wir geben im Folgenden das Gesprächsprotokoll unkommentiert wieder:

Katholische Grundschule in Köln (27. März 2001), 10.45 Uhr–11.30 Uhr.
Um 10.45 Uhr ist es soweit. Nach einer kurzen Phase der Sammlung und Entspannung werde ich von der Klassenlehrerin vorgestellt, das heißt sie nennt meinen Namen. Und den Zweck meines Besuches. Gemeinsam nehmen wir in einem

Kreis Platz. Kein Teilnehmer sitzt auf einem hervorgehobenen Platz.

Um uns bekannt zu machen, werden die Kinder gebeten, sich vorzustellen. Alle nennen sie nun ihren Namen, ihr Alter und die Anzahl ihrer Geschwister.

An die häufige Altersangabe anknüpfend frage ich die Kinder, ob sie mir sagen können, ab wann man wohl erwachsen ist und woran man dies merken kann.

Alle Kinder sind der Meinung, dass man erst mit vierzig Jahren „ausgewachsen" ist. Woher die Kinder diese „Information" beziehen, bleibt im weiteren Gesprächsverlauf ungeklärt. Und dass ihre Eltern wesentlich jünger als vierzig Jahre alt sind, kommt gar nicht erst zur Sprache.

Nun stelle ich, nach wie vor sitzend, die Frage: Bin ich denn ausgewachsen? Die Antwort aller Kinder fällt eindeutig aus: „Nein!" Nun wiederhole ich die Frage, dabei aber aufstehend: Und jetzt? Auch diesmal fällt die Antwort aller Kinder eindeutig aus: „Ja!" Mein Hinweis, dass ich doch noch gar nicht vierzig Jahre alt bin, wird mit dem beinah einhelligen Ausruf: „Das macht doch nichts!" quittiert.

Wenn die Kinder auch nicht sagen können, woran man das Erwachsensein feststellen könnte, so entwickeln sie doch Kriterien, die helfen, das eigene Kleinsein bzw. Kindsein zu benennen.

In einer ersten Runde zu diesem Thema werden vor allem die körperlichen Merkmale herausgestellt:

„Wenn ich erwachsen bin, kann ich über die Mauer gucken."

„Wenn ich erwachsen bin, bin ich größer als jetzt."

„Mein Bruder ist jünger, aber größer als ich."

„Wenn Zeit vergangen ist, werde ich groß sein!"

Frage: „Woran erkennst Du, dass Zeit vergangen ist?"

Antwort: „Häuser werden gebaut und wenn die fertig sind, ist Zeit vergangen."

Frage: „Und wenn die Häuser immer weiter gebaut werden, es also kein Ende gibt?"

Antwort: „Das gibt es nicht."

Hier stellte ich die Frage, ob man als Kind nicht schon körperlich vollständig sei; jeder hat doch Arme, Beine, einen Kopf usw.?

Die Antwort war wieder klar und deutlich: „Ja, jedes Kind ist ganz komplett!"

Frage: „Wenn das aber stimmt, so ergibt sich die Frage: Wieso müsst ihr dann noch wachsen? Und wie geht das eigentlich, das Wachsen?"

Hierauf wusste keines der Kinder eine Antwort. Die Frage war nicht etwa zu schwer, sie war einfach vollkommen unverständlich.

Im zweiten Anlauf zum Thema „Erwachsensein" kam ein gänzlich anderer Aspekt zur Sprache. Jetzt standen Handlungsuntersagungen im Vordergrund der Diskussion.

In vielfältigen Variationen wurde der Satz: „Verboten sind die Dinge, weil ich noch klein bin!" geäußert. Beispielsweise im Supermarkt: „Die haben Angst, ich könnte die Flasche nicht halten!"

Frage: „Was ist denn noch verboten?"

Die Antworten gingen in die gleiche Richtung: Ich darf nicht lügen!

Dieser Aussage stimmten alle zu. Erst auf meine Bemerkung hin, ob das Nichtlügen denn immer gelten soll oder ob es Ausnahmen davon gäbe, wurde, wieder von allen die Notlüge genannt.

Frage: „Was ist eine Notlüge?"

Antwort: „Ich darf lügen, wenn ich bedroht werde."

„Ich darf lügen, wenn jemand mein Geld will."

„Ich darf lügen, wenn ich etwas Unangenehmes, zum Beispiel in der Schule, vermeiden will."

Die ausführlichste Antwort gab ein Mädchen (8 Jahre alt): „Meine geschiedene Mutter hat einen Freund, den ich sehr gern habe. Ich sage Papa zu ihm. Mein Vater weiß dies und verbietet mir das ‚Papasagen'. Er will, dass ich nur zu ihm Papa sage. Aber ich sage zu beiden Papa und belüge meinen Vater, wenn er mich fragt."
„Warum?"
„Dann habe ich meine Ruhe!!!"
(…)

Insgesamt zeigte sich eine große Gesprächsbereitschaft der Kinder. Wort- und Meinungsführer kristallisierten sich nicht heraus. Natürlich gab es (wenige) Kinder, die sich nicht zu Wort meldeten, aber der Beobachtung nach war nicht davon auszugehen, dass diese Kinder unbeteiligt waren.

Der „Frage- und Diskussionsstau", der sich häufig im Alltag von Kindern aufbaut, wird durch das bewusst herbeigeführte philosophische Gesprächsklima aufgelöst. Die Redebeiträge waren weit gestreut. Dies ist ein charakteristisches Merkmal inhaltlich offener, nicht auf ein einziges Gesprächsziel hin entworfener Diskussionen. An dem Gespräch lässt dies sich überdies zeigen, wie Kinder verschiedene Positionen zu einem Thema – in diesem Fall „Was heißt Erwachsensein?" – entwickeln. In einem ersten Zugang bauten sie sich anhand äußerlicher, rein körperlicher Merkmale des Menschen eine erste allgemeine Vorstellung vom Erwachsensein auf. Anschließend erweiterten sie diese Beschreibung durch eine andere Dimension, indem sie zur Handlungsebene überwechselten. Jetzt wurden vor allem Verbote für Kinder thematisiert, was wiederum Rückschlüsse auf ihr Selbstbild zulässt. Ein wenig erinnert das Vorgehen der Kinder an einen in der Geschichte der Philosophie klassisch gewordenen Definitionsversuch:

Als Platon die Definition aufstellte, der Mensch ist ein federlo-
ses zweifüßiges Tier, und damit Beifall fand, rupfte er (Dioge-
nes von Sinope, der Philosoph in der Tonne) einem Hahn die
Federn aus und brachte ihn in dessen Schule mit den Worten:
„Das ist Platons Mensch"; infolgedessen ward der Zusatz ge-
macht „mit platten Nägeln".[1]

An diesem Beispiel zeigt sich augenfällig die Unzulänglichkeit
des ersten Definitionsversuches. Aber auch die Definitions-
erweiterung verbleibt auf der Ebene körperlicher Beschreibung.
In dem dokumentierten Gruppengespräch wechselten die Kinder hingegen die Beschreibungsdimension und erfassten auch
moralische Aspekte des Menschseins.

Am Ende ist kein eindeutiges Ergebnis sichtbar. Dies ist aber
kein Grund zur Entmutigung. Denn auch wenn Philosophische
Gespräche häufiger ohne fassbares Resultat enden, so ist doch
bereits der Gesprächsverlauf selbst das, um was es geht.

Seien Sie bei dieser Art des philosophischen Gesprächs auf alles
gefasst! Erwarten Sie das Unerwartete! Bei dieser Vorgehensweise
ist es wichtig, spontan auf Gesprächssituationen zu reagieren und
sie durch Fragen offen und interessant zu halten. Dieses gelingt
Ihnen dann, wenn Sie die Lebenswelt der Kinder im Blick behalten.

Weil von Seiten einzelner Kinder der Wunsch geäußert wurde,
dass der „Philosoph" wieder kommen solle, und die Klassenlehrerin mit dem Verlauf der Stunde zufrieden war und einiges, ihr
bislang Verborgenes an ihren Schülern aufgefallen ist, wurde für
die nächste Woche ein weiterer Gesprächstermin ausgemacht,
bei dem wir eine andere Methode anwandten, um in ein philosophisches Gespräch zu kommen.

Vorgehensweise 2:
Die Themen werden anhand eines Textes entwickelt

Für diesen zweiten Termin wollten wir eine kleine Textpassage als
Ausgangspunkt des Gesprächs nehmen. Zunächst überlegten wir,
eine bei Kinderphilosophen beliebte philosophische Problemstellung zu nehmen: Zu Ehren des Gottes Apollon schickten
die Athener jedes Jahr das Schiff des Theseus als Festzug zur Insel
Delos, nachdem Theseus – der Überlieferung nach – mit dem
Schiff nach Kreta gefahren ist und mit Apolls Hilfe athenische
Geiseln aus dem Labyrinth des Minotaurus gerettet hatte. Bereits
in der Antike stellte sich nun die Frage, ob es sich bei dem Schiff
eigentlich noch um das Schiff des Theseus handelte, da nach dem
jahrhundertelangen Einsatz bei kultischen Festzügen nach und
nach alle verfaulten Holzplanken durch neue ersetzt wurden.

Auch wir haben diese Geschichte vom Schiff des Theseus bereits in vielen Einzelgesprächen vorgestellt. Häufig haben wir,
um etwas näher am Alltag der Kinder zu bleiben, das Schiff
durch ein Fahrrad ersetzt. Die Gesprächsverläufe waren sehr
unterschiedlich. Einigen Kindern war diese Frage schlicht unverständlich, einige versuchten sich nach und nach heranzutas-
ten, was denn eigentlich das Fahrrad jetzt genau zu diesem
Fahrrad macht. Ein Kind wollte zur Sicherheit in jedem Fall
schon einmal ein Namensschild am Lenker befestigen. Da es
aber zum Problembereich der Identitätsfrage schon ausführliche
Darstellungen gibt[2], fiel unsere Wahl für den zweiten Termin
auf eine andere Erzählung. Es erschien uns auch sinnvoll, einen
Text zu Grunde zu legen, der nicht aus dem Bereich der Philosophie im engeren Sinne stammt. Geeignete Texte lassen sich
auch jenseits philosophischer und religiöser Erzählungen finden. Auch muss es sich nicht unbedingt um Kinderbücher handeln. Die Suche nach solchen Texten oder Textteilen ist eine
hervorragende Übung zur Sensibilisierung für philosophische

Frage- und Problemstellungen. Sie ist somit selbst Teil des Philosophierens mit Kindern und veranlasst dazu, Texte auch mit ganz anderen Augen zu lesen.

Auch wenn unsere Wahl nicht auf das Schiff des Theseus fiel, haben wir uns entschlossen, im nautischen Bereich zu bleiben. Wir haben eine kleine Passage aus dem Roman „Die Straße der Ölsardinen" von John Steinbeck (1902–1968) herausgesucht:

> „Aber das Boot" grollte er aufgeregt, „das baut er schon sieben Jahre lang, und die Klötze sind unten drunter schon weggefault, die macht er jetzt aus Zement. Jedes mal wenn er fast fertig ist, ändert er wieder um und fängt von vorne an. Ich glaub' der spinnt. Sieben Jahre an einem Boot!" Doc hatte sich auf den Boden gesetzt und sich seiner Wasserstiefel entledigt. „Das *verstehst du nicht, Hazel", besänftigte er den Erregten. „Henri liebt Boote, aber er fürchtet das Meer." „Wozu braucht er dann ein Boot?" „Er braucht es nicht, er liebt es. Angenommen, er stellt es fertig! Gleich werden alle sagen: Ins Wasser damit! Wenn er es aber vom Stapel läßt, muss er damit auch in See stechen, und er ist wasserscheu. Das ist der Grund, weshalb sein Boot nie fertig wird."*[3]

Soweit die Textgrundlage. Nun zum Gesprächsprotokoll der zweiten Sitzung mit der 2. Klasse einer Katholische Grundschule in Köln, eine Woche nach unserem ersten Termin:

> Ich habe in einem Roman, das ist eine ganz lange Erzählung, die jemand aufgeschrieben hat, eine Geschichte gelesen, bei der ich nicht alles verstanden habe. Ich möchte euch diese Geschichte vorlesen und dann von euch wissen, was ihr davon haltet. Vielleicht könnt ihr mir ja helfen.
> Es geht um zwei Freunde, die über einen dritten, abwesenden, Freund sprechen. Das kennt ihr ja auch. Dieser Freund

baut schon lange an einem Boot. Aber so lange er auch baut, er wird nicht fertig damit.

„Wozu braucht er dann ein Boot?"

„Er braucht es nicht, er liebt es. Angenommen, er stellt es fertig! Gleich werden alle sagen: Ins Wasser damit! Wenn er es aber vom Stapel lässt, muss er damit auch in See stechen, und er ist wasserscheu. Das ist der Grund, weshalb sein Boot nie fertig wird."

Nachdem geklärt wurde, was „vom Stapel lassen", „in See stechen" und „wasserscheu" bedeutet, wurden folgende Erklärungen, die das Verhalten des abwesenden Freundes betreffen, gegeben. Dabei war allen Kindern unausgesprochen klar, das es sich nur um ein Holzboot handeln könnte.

„Vielleicht baut er ja gar nicht richtig. Er tut nur so, als ob er baut."

„Ja, tagsüber baut er an seinem Boot und alle können ihm dabei zusehen und nachts kommt er heimlich vorbei und macht ein Stück wieder ab."

„Oder er liebt sein Boot. Und was man liebt, das verkauft man nicht."

Die Zwischenfrage eines Mädchens darauf: „Warum denn nicht?" blieb unbeantwortet.

„Der Freund hat Angst vor einer Blamage. Wenn er mit dem Boot losfährt und es untergeht, dann hat er sich blamiert."

Frage von mir: „Was heißt sich blamieren?"

„Das ist, wenn einem etwas peinlich ist. Wenn etwas unangenehm ist."

Frage von mir: „Kennst Du auch dieses Gefühl? Ich kenne das Gefühl ganz gut."

Antwort: „Ja, das kenne ich. Ich mag das nicht."

Frage: „Zurück zum Boot. Wann und wie weiß der Freund denn, dass sein Boot fertig ist?"

Antwort: „Fertig ist, wenn alles dran ist!"

„Ja, fertig ist, wenn alles abgerundet und glatt ist."

„Fertig ist das Boot, wenn es nicht untergeht."

Einem Mädchen (9 Jahre) fällt bei dieser Bootsgeschichte der Film „Titanic" [USA 1997; Buch und Regie: James Cameron, Länge 192 Minuten, FSK ab 16] ein. Sie beginnt die Nacherzählung der zentralen Liebesgeschichte zwischen Kate Winslet und Leonardo DiCaprio. Vor allem der Tod DiCaprios hat sie berührt.

Nun berichtet die Klassenlehrerin von ihrem Großvater, der versprach, einen Drachen zu bauen. Er baute und baute und baute und versprach immer wieder, mit ihr den Drachen steigen zu lassen. Die Klassenlehrerin ist sich sicher, dass sie den Drachen nie steigen ließ.

Einem anderen Mädchen kommt dabei ihr Bruder in den Sinn. Dieser besitzt ein Fahrrad, das er nie mehr benutzen wird. Er ist groß geworden. Aber er will es unbedingt reparieren und behalten.

Ein anderes Mädchen (8 Jahre) berichtet, wie es „immer schon" vom Dreimeterbrett springen will, aber sich nicht traut. Vielleicht traut sich auch der Freund nicht, das Boot zu vollenden. Denn dann hat er ja alles schon getan.

Die Kinder schwenken nun völlig von der Geschichte ab. Sie berichten von ihren Sprüngen vom Ein- und Dreimeterbrett. Oder sie erzählen voller Bewunderung, wie andere Kinder sogar vom Zehnmeterbrett gesprungen sind.

„Da muss man Mut haben."

Die Bemerkung der Klassenlehrerin, sie selbst sei nur einmal von Dreimeterbrett gesprungen, wird unkommentiert aufgenommen. Mein „Geständnis", ich sei noch nie vom Dreimeterbrett gesprungen, wird ebenfalls unkommentiert aufgefasst.

Alle Kinder, die jemals von einem Dreimeterbrett gesprungen sind, stimmen dem Satz zu: Es macht Spaß, ist aber gefährlich.

Dieses letzte Gespräch ist ein Beispiel für tiefergehende Einsichten, die von Kindern immer wieder geäußert werden. Greifen wir den Satz heraus, den wir als Kapitelüberschrift gewählt haben: „Was man liebt, verkauft man nicht." Pointiert kommt hier dasjenige zum Ausdruck, was wir im Verlauf des Buches mehrfach herausgestellt haben: Es gibt private und gesellschaftliche Räume, in denen die Kommerzialisierung sowie die Instrumentalisierung des Menschen nichts zu suchen haben. Immanuel Kant hat diesen Gedanken in seinem berühmten kategorischen Imperativ (Menschheitsformel) so formuliert: „Handle so, daß du die Menschheit sowohl in deiner Person, als in der Person eines jeden anderen jederzeit zugleich als Zweck, niemals bloß als Mittel brauchst."

> Bei dieser Vorgehensweise ist Ihre Vorarbeit wichtig.
> Machen Sie sich auf die Suche nach geeigneten Texten.
> Das hört sich schwieriger an, als es ist. In der Literatur finden sich häufig philosophiehaltige Passagen – man muss nur bereit sein, sie zu entdecken. Sie können auch eigene Erlebnisse oder Gedanken in Geschichten verpacken.

Angesichts wichtiger Einsichten im Verlauf der beiden Gespräche nimmt es nicht weiter Wunder, dass die Lehrerin durch ihre Schüler verblüfft wurde. Hier zeigt sich die Selbsterweiterung, die durch philosophische Gespräche möglich ist. Eine Selbsterweiterung, die sowohl die Kinder als auch Erwachsene betrifft.

4 Zauber der Philosophie – Zur Sensibilisierung der Sinne

Wir haben darauf hingewiesen, dass die sinnliche Wahrnehmung eine der Wurzeln des Denkens bildet. Zur Verdeutlichung greifen wir auf Immanuel Kant zurück. Grundlegend ist für ihn die Erkenntnis, dass auf der einen Seite Anschauungen ohne Begriffe blind, andererseits Begriffe ohne Anschauung leer sind. Erkenntnis kann es nur dann geben, wenn etwas aus dem Fluss der Wahrnehmungen herausgegriffen, bestimmt und festgelegt, sowie in Verbindung mit anderem gesetzt wird. Als erkennende Wesen müssen wir also über die sinnliche Erfahrung hinausgehen. Gleichzeitig ist die sinnliche Erfahrung aber auch grundlegend für Erkenntnis, denn Begriffe, denen keine Anschauung entspricht, die nicht unserer Erfahrungswelt entnommen sind, bzw. zu dieser keinen Bezug haben, bleiben leer. Kant hat auf dieser Grundlage alle Begriffsgebäude kritisiert, die sich vom Boden jeglicher Erfahrung abheben. Sie verlieren sich in Beliebigkeiten; sie sind reine Spekulationen, selbst dann, wenn sie sich ganz beeindruckend anhören sollten.

Für unseren Zusammenhang bedeutet die wechselseitige Angewiesenheit von Begriffen und Anschauungen, dass wir dann verstehen, wenn wir be-*greifen oder* ein-*sehen*, fühlen, schmecken, riechen etc. Der Zugang zur Welt geschieht zuallererst über die Sinne und nicht nur über die begrifflich-logische Verstandesarbeit. Ein für Kinder angemessenes Philosophieren darf sich deshalb nicht allein auf Gespräche beschränken. Gerade für Kinder im Vor- und Grundschulalter sollte Philosophieren auch sinnlicher und handgreiflicher gestaltet werden. Philosophieren mit Kindern bedeutet dann „Philosophie machen"[1]. Anregungen hierfür gibt die Philosophin Eva Zoller. Sie entwickelt „Herz- und Handmethoden", die dazu beitragen, Erkenntnisse nicht nur (abstrakt) im Kopf zu entwickeln und mit sich herum zu tragen, sondern diese auch zu fühlen und zu spüren (Herz) sowie darüber hinaus auch im Handeln wirksam werden zu lassen (Hand). Damit knüpft sie an eine Tradition an, die die Philosophie seit ihren Anfängen begleitet und die in dem Begriff der Weisheit zum Ausdruck kommt. Der Begriff „Weisheit" meint mehr als bloßes Wissen. Weisheit bezeichnet immer auch die rechte Haltung und die Umsetzung und Einübung des als richtig Erkannten. Die (Aus-) Bildung der *ganzen Person und nicht nur des Denkvermögens* ist – trotz aller gegenteiliger Vorwürfe, die immer wieder an Philosophie und an Philosophen über die Jahrhunderte herangetragen wurden – von Beginn an Thema und Ziel der Philosophie gewesen.

Im folgenden geben wir einen Überblick über die von Zoller vorgeschlagenen „Herz- und Handmethoden"[2]. Mit der hier vorgenommenen Gruppierung variieren wir die Überlegungen von Zoller, indem wir sie auf unsere Ausführungen im ersten Teil des Buches abstimmen:

■ **Wahrnehmungsspiele**
Solche Spiele tragen zur Sensibilisierung der inneren und äußeren Wahrnehmung bei. Diese Sensibilisierung ist bereits mit verbreiteten Spielen wie zum Beispiel „Ich sehe was, was du nicht siehst" möglich oder indem mit verbundenen Augen Gegenstände ertastet werden und erraten wird, um was es sich hierbei handelt. Spiele dieser Art haben insofern eine philosophische Bedeutung, da sie zu einer stärkeren Konzentration auf die einzelnen Sinne führen und damit eine vorbereitende Rolle einnehmen. Darüber hinaus lassen sich aber auch inhaltliche Verbindungen mit philosophischen Themen herstellen. Nehmen wir das Erraten von Gegenständen allein durch den Tastsinn. Gerade dieses Spiel

kann dazu beitragen, ein Gespür für das Wahrheitsproblem zu entwickeln. Denn jeder wird das Ertastete unterschiedlich beschreiben oder sogar unterschiedlich identifizieren. Darauf werden wir wieder zurückkommen, wenn wir auf das Philosophical „Die Mäuseexpedition" eingehen.

Sehr schön ist auch der Versuch, Klängen Farben zuzuordnen. Oder ausgewählten Instrumenten werden Farben zugeschrieben. Die Musik wird abgespielt und beim Einsatz eines der zuvor ausgewählten Instrumente kommt der entsprechende Farbstift zum Einsatz. Statt mit Farben zu malen, können auch bestimmte Bewegungen zu einzelnen Instrumenten ausgeführt werden. Kinder helfen sicherlich gerne dabei, weitere dieser Spiele zu erfinden. Man kann solche Spielideen bis hin zu kindgerechten Konzentrations- und Meditationsübungen ausbauen. Das erfordert allerdings ein wenig Erfahrung und Übung.

Rollen- und Dialogspiele

Dialogspiele können unter dem Aspekt der Einübung von Argumentation und Gespräch betrachtet werden: In die Rolle eines anderen zu schlüpfen, fördert die Fähigkeit, den Standpunkt des jeweiligen Partners besser zu verstehen. Andere Sichtweisen und Überzeugungen lassen sich so leichter nachvollziehen.

Zeichnen, malen, Collagen kleben

Freie oder thematisch vorgegebene künstlerische Betätigung helfen dasjenige auszudrücken, das eben nicht in Worte gefasst werden kann. Als ein gelungenes Beispiel für eine solche Übung führt Zoller „Kopfsilhouetten" an, die als Schattenrisse von Kindern aufgezeichnet werden. Anschließend können sie von den Kindern malerisch mit dem angefüllt werden, was ihnen gerade im Kopf herumgeht.

■ **Brain- und Heart-Stormings**

Spontane Assoziationen und Gedanken helfen unbewusste oder verborgene Ansichten und Erfahrungen hervorzuholen. Darüber hinaus dienen sie dazu, die Vielfalt in einem Themengebiet zu verdeutlichen und Begriffsfelder abzustecken. Wann zum Beispiel ist jemand erwachsen? Sammeln Sie einfach ein paar spontane Äußerungen von Kindern, so wie wir es in einer Gruppendiskussion mit Kindern gemacht haben (vgl. S. 123 ff.). Vorteil dieser Fragestellung ist, dass man nicht nur Interessantes darüber erfährt, wie Kinder Erwachsene sehen. Umgekehrt erfahren wir auch etwas über das Selbstverständnis von Kindern: was macht mich zu Kind?

Brain- und Heart-Stormings eignen sich gerade als Vorbereitung auf Gespräche: Sie helfen, Gesprächsthemen zu finden, die den Interessen der Kinder entsprechen. Darüber hinaus tragen sie dazu bei, in festgefahrenen Gesprächssituationen neue Blickwinkel zu eröffnen.

■ **Tagträume und Phantasiereisen**

Wie sieht es eigentlich aus, wenn man Wut im Bauch hat? Eine Vielzahl möglicher Reisen ins Innere und Äußere sind vorstellbar. Sie ermöglichen es Kindern und auch Erwachsenen, sich Vorstellungen von dem zu machen, was ihnen zumeist verborgen bleibt. Mit fortschreitender Übung wird es nach und nach immer besser gelingen, das eigene Vorstellungsvermögen zu erweitern.

All diese Methoden helfen, über sich und die Umwelt mehr zu erfahren, d. h., die inneren und äußeren Wahrnehmungen zu schärfen. „Philosophie machen" ist als Vorbereitung oder als Ergänzung für philosophische Gespräche zu verstehen.

Dies wollen wir an einer besonderen Art, Philosophie erlebbar zu machen, abschließend ausführlicher darlegen. Hierzu wenden wir uns dem Zaubern zu. Zaubern versetzt das Publikum in Staunen. Staunen jedoch bildet auch den Ausgangspunkt des Philosophierens. Der Zauberer, oder besser der Illusionskünstler spielt mit der Wahrnehmung und den Erwartungen seiner Zuschauer.

Um dies genauer zu erläutern, lassen wir einen „Zauberphilosophen" zu Wort kommen. Hinter dem Künstlernamen „Andino" verbirgt sich der Philosoph, Pädagoge und Theologe Dr. Andreas Michel. Auf der Bühne, in Workshops und in zahlreichen Veröffentlichungen geht er der Verbindung von Philosophie, Zauberei und Pädagogik nach.

Thomas Ebers/Markus Melchers: Andino, was verbindet die Zauberei mit der Philosophie und was unterscheidet sie von ihr?

Andino: Nun, zunächst einmal handelt es sich natürlich um vollkommen getrennte Bereiche. Bei der Zauberei weiß man nicht so genau, ob es sich um eine Kunst handelt und bei der Philosophie weiß man nicht, ob sie nun eine Wissenschaft sein soll oder nicht? Verbunden werden beide aber zunächst und vor allem durch die Irritation, die sie bei vielen Menschen auslösen, denn beide stellen Sicherheiten in Frage. Was der Philosoph mit beharrlichem, skeptischem Fragen bewirkt, erreicht der Zauberkünstler durch die ständige Infragestellung der Wahrnehmungsfähigkeit seiner Zuschauer bei seinen Vorführungen. Darüber hinaus ist es für mich vor allem der Dialog, der Zauberei und Philosophie gemeinsam ist. Für mich ist die Illusionskunst ein lebendiger Dialog mit dem Publikum und die Philosophie deute ich genauso als ein dialogisches Geschehen. Und dann ist die Illusionskunst natürlich auch noch ein wunderbares Mittel, um philosophische Gedanken sehr unterhaltsam zu illustrieren, was z. B. auch Jostein Gaarder immer wieder dazu bringt, Beispiele aus dieser Kunst zu verwenden.

T. E./M. M.: Die Zauberphilosophie als Bestandteil der Philosophischen Praxis?

Andino: Unbedingt! Man könnte sogar behaupten, dass eigentlich jede Zaubervorstellung zumindest einen philosophischen Gehalt aufweist. Denn denkende Zuschauer werden dadurch fast immer zu einer neuen Form der Selbstreflektion angeregt, da sie ja in jedem Fall ganz direkt mit der Täuschbarkeit der eigenen Sinne konfrontiert werden.

T. E./M. M.: Und das funktioniert auch schon bei kleineren Kindern?

Andino: Bei kleineren Kinder im Kindergartenalter halte ich es für das Wichtigste, zunächst erst einmal den Begriff der Täuschung deutlich werden zu lassen. Ich möchte das am Beispiel der sicherlich vielen bekannten Zaubertüte demonstrieren. Vielleicht könnten Sie mir kurz einen nicht zu großen Geldschein leihen? Den gebe ich jetzt zusammengefaltet in die Tüte hinein. So und jetzt sprechen Sie bitte den Zauberspruch mit.

Alle zusammen: Sim Sala Bim.

Andino: Und siehe da, schon ist die Tüte leer und Ihr Geld weg! So schnell kann das gehen … Keine Angst, das Geld ist natürlich in der Tasche auf der anderen Seite der Tüte! Hier haben wir ein Beispiel für eine wirklich ganz einfache Täuschung, die lediglich im geheimen Drehen der Tüte besteht, was durch den Zauberspruch kaschiert wird. Das können schon sehr kleine Kinder verstehen, zumal man sich diese Tüte leicht selbst basteln kann.

T. E./M. M.: Wenn die, sagen wir vier- bis fünfjährigen Kinder eine solche Tüte basteln und so hinter den Trick kommen, ist dann nicht die „Gefahr der Enttäuschung" zu groß? Oder ist diese Art der Enttäuschung dasjenige, worauf Sie bei dem gezeigten Kunststück hinauswollen?

Andino: In diesem Fall: ja! Dies ist ein Kunststück, das selbst kleine Kinder schon recht schnell durchschauen können und deshalb auch kaum für eine richtige Zaubervorstellung geeignet. Um aber Kindern im Vorschulalter den Begriff der Täuschung deutlich zu machen und ihnen etwas in die Hand zu geben, das sie sogar selber vorführen können (am besten mit Papis Geld und ohne es wieder erscheinen zu lassen!), ist die Zaubertüte ganz hervorragend geeignet.

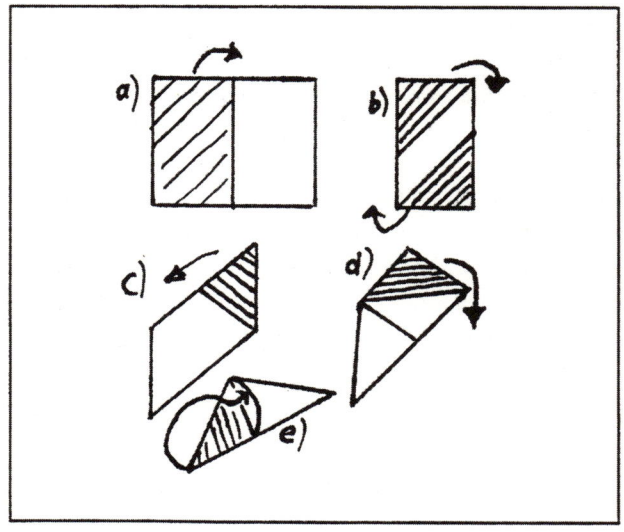

Zaubertüte zum Nachbauen

T. E./M. M.: Demonstrieren Sie uns bitte einen Trick, den Sie älteren Kinder zeigen.

Andino: Dazu verwende ich gerne diese Spielkarte hier. Sie ist schon etwas merkwürdig, weil sie auf der einen Seite ein Karo As und auf der anderen Seite – anstelle einer Rückseite – eine Karo Vier zeigt. Wenn ich aber jetzt einmal dagegen schnippe, dann haben wir hier eine Karo Drei und auf der anderen Seite eine Karo Sechs! Schnippe ich noch einmal, dann haben wir hier wieder das Karo As und hier die Karo Vier, noch einmal geschnippt und hier ist wieder die Karo Drei und hier die Karo Sechs …

Ich glaube fast, Ihnen ist schon klar, wie das funktioniert. Hierbei handelt es sich um eine kulturbedingte Täuschung, denn alles beruht darauf, dass wir an die Bilder auf Spielkarten und Würfeln schon so gewöhnt sind, dass wir nicht nachzählen, sondern immer sofort unsere gespeicherten Bilder abrufen. In Wirklichkeit sind also auf der einen Seite der Karte nur fünf Karos und auf der anderen zwei. Je nach dem, was ich nun zuhalte, glauben wir aber ein uns bekanntes Bild zu sehen und „erkennen" so eine Drei, Sechs, Vier oder ein As, obwohl keines dieser Bilder in Wirklichkeit auf der Karte abgebildet ist. Der Zuschauer täuscht sich also selbst … Diese kleine Täuschung funktioniert aber erst bei Kindern ab acht Jahren, denn sie müssen an diese Bilder schon genügend gewöhnt sein, was mehr bedeutet, als sie nur zu kennen.

Trügerische Gewohnheit

T. E./M. M.: Wie schätzen Sie generell das „kinderphilosophische Potential" Ihrer Tätigkeit ein?

Andino: Ziemlich hoch. Ich habe gerade erst einen kleinen Philosophiekurs mit Kindern in der Volkshochschule Koblenz durchgeführt und dabei recht oft auf kleine Zauberkunststücke zurückgegriffen. Gerade beim Thema Wahrheit – „Darf man lügen?" – oder der Frage nach unserer Realitätswahrnehmung – „Ist die Welt wirklich so, wie ich sie sehe?" – können Zaubertricks den Zugang zu diesen Fragen für Kinder sehr erleichtern. (…) So kann eine kleine Zaubervorführung Kinder zum eigenständigen philosophischen Denken anregen …

T. E./M. M.: Ist diese Haltung der Kinder auch auf Ihre Zaubervorstellungen übertragbar? Wie sind hier Ihre Erfahrungen?

Andino: Bei einer reinen Kinderzaubervorstellung besteht des kinderphilosophische Potential für mich vor allem in der Thematisierung der Frage, was ein Zauberkünstler eigentlich tut. Wenn die Kinder nach einer solchen Vorstellung etwas genauer wissen, was der Unterschied zwischen einer Täuschung und richtiger Zauberei oder Magie ist und den Illusionskünstler richtig einordnen können, dann wissen sie schon mehr als manche Erwachsene. Aber auch hier spielt das Alter der konkret anwesenden Kinder wieder die entscheidende Rolle, denn einem Kindergartenkind, das sich ja noch in der berühmten „magischen Phase" befindet, zu sagen, dass man selbst nicht richtig zaubern könne, sondern dies nur spielen würde, kann einen pädagogischen Effekt haben, während die gleiche Aussage bei älteren Kindern eher einen Selbstschutz des Zauberers darstellt. Denn diese Kinder wissen das ohnehin und würden alles andere gleich gar nicht mehr ernst nehmen.

T. E./M. M.: Worin bestehen Ihrer Auffassung nach die Anknüpfungsmöglichkeiten zwischen der Zauberphilosophie und dem Alltag der Kinder?

Andino: Sowohl Zaubervorstellungen als auch viele philosophisch relevante Fragestellungen gehören sowieso zum Alltag der Kinder. Insofern würde ich sowohl einen Kinderphilosophiekurs als auch eine Kinderzaubervorstellung immer an den Alltag der Kinder anbinden bzw. als eine Reflektion dieses Alltags verstehen.

Wir danken Ihnen für dieses Gespräch (März 2001).

Das Interview zeigt deutlich, dass der „Zauberphilosoph (…) in Wirklichkeit nichts anderes als ein Philosophiedidaktiker"[3] ist. Probieren Sie es getrost aus: basteln Sie eine Zaubertüte und kaufen Sie im Zauberladen die vorgestellte Karte.

5 Philosophicals

Im Zusammenhang mit Sokrates und den Vermittlungstheorien haben wir im ersten Teil darauf hingewiesen, dass die ausschließliche Konzentration auf sprachlich-abstrakte Begriffsarbeit im philosophischen Gespräch schnell Gefahr läuft, Kinder zu überfordern.

Gerade wenn „Philosophieren mit Kindern" keine exklusive Veranstaltung für besonders motivierte Kinder sein soll, müssen spielerische und unterhaltende Elemente einbezogen werden. Deswegen haben wir die Form der von uns so bezeichneten „Philosophicals" entwickelt. Sie stellen eine Verbindung von Begriffsarbeit, Gesprächsorientierung bzw. Anregung zum philosophischen Gespräch auf der einen Seite, Unterhaltung und Spiel auf der anderen Seite dar. Die Bezeichnung „Philosophical" setzt sich aus den Begriffen „Philosophie" und „Musical" zusammen. Es handelt sich um kleine, zumeist episodisch aufgebaute Geschichten, die philosophische Frage- und Themenstellungen aufgreifen. Diese Geschichten gruppieren sich um Kinderlieder, in denen die beschriebenen Situationen oder die Inhalte aufgegriffen werden. Darüber hinaus haben wir darauf geachtet, dass viele Geschichten einen szenischen Charakter haben. So laden sie zum Inszenieren, zum Nachspielen und Ausprobieren ein.

Wir haben drei Philosophicals ausgewählt, in denen die genannten Aspekte beispielhaft herausgestellt werden. Die Geschichten sind in der Reihenfolge den folgenden Veröffentlichungen entnommen: „Der Schreikönig, oder wie kommen die Fragen in den Wald" (1999); „Die Mäuseexpedition" (2001); „Moritz und das Eiphosolip" (2001/2002).[1]

5.1 Von den blinden Maulwürfen

Die Rahmenhandlung ist schnell erzählt: Bei einem Spaziergang durch einen Wald kommt es zu merk- und denkwürdigen Begegnungen. Eine dieser Begegnungen führt zur Bekanntschaft mit einem Maulwurf, der – vor einer Staffelei stehend – ein Bild malt. Dies ist doch einigermaßen überraschend, leben Maulwürfe doch meist unter der Erde, und um ihre Sehkraft ist es auch nicht zum Besten bestellt. Die Skepsis war dem malenden Maulwurf nicht fremd. Für die schlechte Sehfähigkeiten seiner Artgenossen und für ihre Vorliebe, in Höhlen zu hausen, hatte er eine eigenwillige Erklärung:

> Ja, ja. Es verbringen viele Maulwürfe ihre Zeit hauptsächlich unter der Erde. Und unter der Erde leben sie weil sie schon seit langer Zeit davon überzeugt sind, dass es über der Erde für sie nichts Interessantes gibt. Denn vor langer Zeit, als sie hier oben auf der Erde nachschauten, war nämlich noch alles Grau in Grau. Es gab überhaupt noch keine Farbe. Und beim ersten Hinsehen, konnten sie nichts voneinander unterscheiden. Und sie fürchteten sich wohl auch vor dem grauen Einerlei. Deswegen blieben sie unter der Erde. Und auch wenn sie heute nur für kurze Zeit ihre Höhlen verlassen, halten sie ihre Augen geschlossen. Denn sie erwarten sowieso nicht, etwas Neues zu sehen.
> Mein Ur-Ur-Ur-Ur-Großvater Maulwurf wollte sich aber mit einem Leben unter der Erde nicht zufrieden geben. Ich singe euch ein Lied von ihm.

Farblos Blues

Es gab eine Zeit, tausend Jahre weit
Von dem entfernt, was man heute nennt
Es gab eine Zeit, tausend Jahre weit
Keine Farben weit und breit
Ja, so war diese Zeit

Mein Opa Maulwurf schaute lang
Und war etwas bang

Vielleicht, so dachte er
Stand um ihn herum ja gar nichts rum
War alles leer; ja, war alles leer

Opa Maulwurf schaute lang
Und war etwas bang

Doch stieß er nicht ständig
Mit dem Kopf an Dinge
Hörte Geräusche und Gesinge
Vielleicht so, dachte er
Stand um ihn herum ja doch etwas rum

Opa Maulwurf schaute lang
Und war nicht mehr bang

Zwar sagten alle, es habe kein Zweck
Doch mit etwas Farbe geht das Graue weg
Gesagt, getan er kriecht zurück
Kommt wieder rauf, bringt Farbe mit

Das ist der Farblos, Farblos Blues
Das ist der Farblos, Farblos Blues
Graues Einerlei, jetzt ist mit dir vorbei
Das ist der Farblos, Farblos Blues
Opa Maulwurf fragt nicht lang
Er malt alles an

Ur-Ur-Ur-Ur-Großvater Maulwurf hat all die Dinge über der Erde angemalt, und ich male nun all diese wunderschönen Dinge ab. So kann ich sie besser behalten und auch besser begreifen. Übrigens mein Vorfahre hat auch den Maulwurfshügel erfunden. Diese Hügel sind nichts anderes, als Ausgucke für Maulwürfe, die ihre Augen nicht geschlossen halten wollen. Geh das nächste mal also nicht achtlos an einem solchen Hügel vorbei, denn die Farben ringsherum sind schließlich für alle da. Und alle die damals zur Zeit meines Ur-Ur-Ur-Ur-Großvaters über der Erde wohnten, haben ihn Mister Maulwurf genannt, was soviel wie Herr Maulwurf bedeutet. Meines Wissens ist er der einzige Maulwurf, der bislang so genannt wurde.

Wir haben diese Geschichte als erste ausgewählt, weil sie direkt an den wohl berühmtesten philosophischen Text, an Platons Höhlengleichnis anknüpft. In diesem Gleichnis wird geschildert, dass Menschen vor einer Höhlenwand sitzen. Dabei betrachten sie die Schatten von Gegenständen, die hinter ihren Rücken an einer Lichtquelle (ein Feuer) vorbeigeführt werden. Die Menschen in der Höhle sind gefesselt. Sie können sich nicht umdrehen, so dass ihnen die schattenwerfenden Gegenstände verborgen bleiben. Die Schatten sind das Einzige, was sie sehen können. Sie kennen nichts anderes. Die Schattenbilder sind ihre Wirklichkeit. Derjenige, der es schafft, sich von den Fesseln zu lösen und den Blick zu wenden, wird die Gegenstände selbst sehen. Gelingt es ihm, die Höhle zu verlassen, kann er sogar das Sonnenlicht, als Quelle der wahren Erkenntnis erblicken.

Die Geschichte von den Maulwürfen handelt von den Fesseln, von den Gefesselten und von denjenigen, die sich von den Fesseln lösen. Unsere kleine Nacherzählung des platonischen Höhlengleichnisses geht davon aus, dass man sich die Fesseln oft genug selbst anlegt. Nicht so unser „Mister Maulwurf". Er hat sich die Ehrbezeugung in seinem Namen redlich verdient. Denn er hat mit seiner Neugier und seinem Mut auch anderen den Zugang zu Neuem bereitet.

Für das Philosophieren mit Kindern bietet dieses Philosophical Anknüpfungspunkte für verschiedene Aktionsformen. So hat beispielsweise eine Kindergruppe für ihr Kindergartenfest dieses Philosophical ausgewählt und ihrer Bühnengestaltung zu Grunde gelegt. Sie bastelten Maulwürfe aus Pappe, die sie in Sandhügel steckten, die auf der Bühne verteiltet wurden. Lautes Mitsingen und Herumhüpfen der Kinder hätte sicherlich jeden noch so vorsichtigen Maulwurf dazu veranlasst, den Kopf aus seinem Erdloch hervorzustrecken.

Vielleicht hätten sich diese Maulwürfe dann angeregt darüber unterhalten, warum eine bunte Welt eigentlich schöner ist als ihre graue Welt.

5.2 Die Mäuseexpedition

Das zweite Philosophical, das wir in Auszügen vorstellen wollen, geht auf eine Rede Buddhas zurück. Im „Palikanon" findet sich das Gleichnis von den Blinden und dem Elefanten: Mehrere Blinde betasten einen Elefanten. Je nachdem, welchen Körperteil sie betasten, geben sie unterschiedliche Erklärungen darüber ab, was vor ihnen steht. Die Blinden, die einen Fuß des Elefanten berührten, glauben einen Pfosten zu erkennen. Diejenigen, die die Stoßzähne ertastet haben, sprechen von einer Pflugschar usw. In Anbetracht des begrenzten Tastfeldes hat zwar jeder der Blinden in gewisser Weise recht mit dem, was er glaubt, erkannt zu haben. Keiner von Ihnen kennt aber das Ganze. Alle äußern sie nur Teilwahrheiten.

In diesem buddhistischen Gleichnis geht es um die Frage nach der Wahrheit. Es kommt das charakteristische Wahrheitsverständnis mystischer Religiosität zum Ausdruck: Es handelt sich um einen inklusiven, nicht exklusiven, andere „Wahrheiten" ausgrenzenden oder gar diffamierenden Wahrheitsbegriff.

Das Gleichnis zeigt dies an drei Aspekten, die wir nur kurz andeuten:

- Jeder der Blinden betastet den einen Elefanten: Jeder sucht und strebt nach der einen Wahrheit. Es gibt nicht verschiedene Wahrheiten, es gibt nur verschiedene Sichtweisen auf diese.
- Jeder der Blinden betastet nur einen Körperteil des Elefanten: Unsere Erkenntnisfähigkeit ist beschränkt. Wir sind nicht in der Lage, das Ganze zu erfassen.
- Jeder der Blinden hat in seiner Erkenntnis Recht: Viele unserer Anschauungen sind in bestimmter Hinsicht richtig. Falsch ist es aber, die eigene Ansicht absolut zu setzen, also so zu tun, als habe man das Ganze erfasst.

Auf der Grundlage dieser Aspekte im Wahrheitsverständnis ist leicht einzusehen, dass mystischer Religiosität missionarischer Eifer fern liegt. Sie ist ihrem Grundzug nach friedfertig. Es gibt nicht eine Wahrheit, die im Besitz von Einzelnen oder einer Gruppe ist. Vielmehr gibt es viele Sichtweisen auf die eine Wahrheit. Praktisch beinhaltet diese Geschichte ein Plädoyer für Toleranz, ohne dass der jeweils eigene Wahrheitsanspruch aufzugeben wäre, ohne also in Beliebigkeit oder in einen zersetzenden Relativismus zu verfallen.

Ed Young hat dieses Gleichnis in ein sehr schön gestaltetes Bilderbuch umgesetzt, in dem Mäuse einen Elefanten entdecken.[2] Die Rollenverteilung zwischen Mäusen und Elefant haben wir in unserem Philosophical „Die Mäuseexpedition" aufgegriffen. Jeder Maus und dem Elefanten sind Lieder zugeordnet. Auch für diese Geschichte gilt, dass sie mit einfachen Mitteln szenisch nachzuspielen ist. Es muss ja sicherlich nicht unbedingt ein echter Elefant sein, den es zu entdecken gilt. Auch kann in Spie-

len die Situation der eingeschränkten Erkenntnisfähigkeit nachgestellt werden. Verbinden Sie den Kindern die Augen und lassen
Sie sie einen Gegenstand ertasten. Interessant in diesem Zusammenhang ist ebenfalls, es be-greifbar werden zu lassen, dass ein
und dasselbe für unterschiedliche Menschen Unterschiedliches
bedeuten kann. Der nächstbeste, auf der Wiese liegende Ast
z. B. ist ein Schwert, eine Balancierstange, ein Pinsel, mit dem
sich wunderschöne Bilder im Sand malen lassen. Oder aber vielleicht doch nur ein Ast. Und wenn der Ast hier ein Schwert ist,
wie kann er denn überhaupt noch als Pinsel dienen? Und woran
liegt es eigentlich, dass etwas für jemanden bedeutet, was es bedeutet? Genau hier beginnt aber schon wieder ein neues Gespräch mit den Kindern …

In unserem Rahmen beschränken wir uns aber auf die Ge-
schichte, die wir im Folgenden erzählen. Zuvor noch ein kleiner
Tipp: Wenn Sie sich in Bonn aufhalten, gehen Sie doch in den
„Blindengarten" in den Bonner Rheinauen. In diesem „Garten"
ist eine Skulptur der buddhistischen Erzählung gewidmet. Die
Geschichte wird so augenfällig und begreifbar.

Eine kleine Gesellschaft von fünf Mäusefreunden lebte auf
dem Hof „Hohen von Wolkenheim". Diesen Namen hatten
die Mäuse selbst erdacht. Ihr Haus stand nämlich mitten
auf einem kleinen Hügel. Wenn sie aber ihre Augen ganz
fest schlossen, war ihnen, als wäre der Hügel ein ganz hoher
Berg. So hoch, dass die Bergspitze bis in die Wolken reichte.
Öffneten sie ihre Augen wieder, waren die Wolken zwar verschwunden, und der Berg war wieder ein kleiner Hügel. Dadurch war aber der Weg nach oben in ihr Haus nicht ganz so
lang und beschwerlich. Und überhaupt: Im Grunde hatten
sie es gut getroffen. Ihr Wolkenheim war ein prächtiges
Haus. Ein wenig alt zwar, die Türen ächzten, und die Stufen
knarrten. Aber es war doch ein schönes Haus, das sie im

Winter wärmte, im Sommer vor der Sonne schützte und das ihnen bei Regen ein Dach über dem Kopf bot.

Die fünf Mäuse waren dennoch nicht immer zufrieden. Wenn sie ihre Arbeiten erledigt hatten, trieb es sie weg vom Wolkenheim. Mal waren sie unruhig, ohne genau zu wissen warum. Mal langweilten sie sich einfach. Immer dann unternahmen sie Spaziergänge, liefen den Hügel hinunter und streiften ohne ein bestimmtes Ziel einfach so durch die Gegend. Ab und zu waren sie richtig lange unterwegs. Dann gingen sie bereits im Morgengrauen los und kamen erst in ihr Wolkenheim zurück, wenn die Sonne hinter den Baumwipfeln kaum noch zu sehen war. Solch lange Ausflüge nannten sie „Expeditionen". Das hörte sich einfach aufregender an als „Spaziergänge". (...)

Als die Mäuse wieder einmal auf einer ihrer Expeditionen waren, gelangten sie auf eine große Wiese. Das Gras war so hoch und dicht, dass die fünf keine zehn Mäuseschritte weit sehen konnten. Und als sie sich schon eine ganze Weile durch die Grashalme gekämpft hatten, stand plötzlich etwas vor ihnen. Erschrocken wichen sie zurück. Dann aber wurden sie doch neugierig und näherten sich vorsichtig diesem Etwas. Sie liefen um es herum und bemerkten, dass weitere von diesen Dingern im Gras standen. Insgesamt zählten sie vier. Die Mäuse einigten sich darauf, dass es wohl Säulen sein mußten, denn wenn sie nach oben schauten, sahen sie statt des blauen Himmels eine riesengroße graue Decke, die von den vier Säulen getragen wurde. Die Mäuse hatten keine Ahnung, was dieses Etwas sein könnte. Ihnen war mulmig zumute. Dennoch beschlossen sie, der Sache auf dem Grund zu gehen. Um ihre Entdeckung genau untersuchen zu können, trennten sich die Mäuse, damit jede von ihnen etwas von diesem Etwas untersuchen konnte. Es waren sehr mutige Mäuse: Sie trauten sich, so ganz allein etwas zu untersuchen, von dem sie nicht wussten was es war. Aber schließlich waren sie ja auf einer Expedition und Expeditionen erfordern Mut.

Nach einer Weile rief eine Maus ganz laut, dass sie gefunden hätte, um was es sich hier handelte. Als sie sich etwas aufgerichtet hatte, um besser sehen zu können, bemerkte sie nämlich direkt über ihrem Kopf ein graues Rohr. Mutig kletterte sie hinauf, lief ein Stück an dem gebogenen Rohr hoch, so weit, bis es fast gerade nach oben zeigte. Hier war es so steil, dass sich die Maus nicht halten konnte. Sie rutschte an dem Rohr entlang wieder hinunter. Dann trippelte sie wieder hoch, um gleich wieder herunter zu rutschen. Sie war ganz begeistert und rief ganz laut: „Es ist eine Rutsche. Es ist eine große Rutsche", und schon lief sie wieder das Rohr hinauf.

Die zweite Maus, war zu der gegenüberliegenden Seite des Etwas gerannt um hier nachzuforschen. Sie war von der ersten Maus ziehmlich weit entfernt, so dass sie nur die Worte „Rutsche" und auch ein langgezogenes „Juchuu" hörte. Unwillig schüttelte sie ihren Kopf. „Das kann doch gar nicht sein", rief sie zurück. Auch sie hatte direkt über ihrem Kopf etwas entdeckt: Es war aber keine Rutsche sondern so eine Art Bommel mit großen Fransen: Der Bommel hing offensichtlich an einem Seil. „Das ist keine Rutsche" rief sie zurück. „Das kann überhaupt nicht sein. Es ist eine Schaukel." Und mit einem gewagten Sprung erreichte sie den Bommel und schaukelte kichernd hin und her.

Zwischen der rutschenden und der schaukelnden Maus stand die dritte Maus immer noch direkt vor der Säule, vor die die Mäuse anfangs beinahe vorgelaufen waren. Was reden denn meine Mäusefreunde, dachte sie voller Unverständnis, während sie behende auf der Säule herumkletterte. „Es ist ein Klettergerüst" rief sie. „Es ist das herrlichste Klettergerüst, das ich jemals gesehen habe."

Auch die vierte Maus war an einer Säule hochgeklettert. Dabei wagte sie sich soweit vor, bis sie einen großen – mmmhh, ja was sah sie eigentlich? Es fiel ihr nicht leicht, das Gesehene zu beschreiben. Es ist wohl so eine Art Lappen, dachte sie. Aber dann bewegte sich der Lappen hin und her, und es entstand dabei ein so starker Wind, dass es sie fast wegwehte. „Es ist eine Windmaschine, eine riesengroße Windmaschine", rief sie vor Begeisterung so laut, dass sie sich selbst erschrak. Denn eigentlich war sie eine eher ruhige Maus, und sie wusste gar nicht, dass sie so laut sein konnte.

Die fünfte Maus hatte alles gehört, was die anderen gerufen haben, sie schüttelte aber nur unwillig ihren Kopf. Ständig denken sie nur ans Toben, immer nur Rennen, Springen und Fliegen, Schaukeln und Rutschen. Was immer ihre Freunde auch fänden, sie war davon überzeugt, dass es für ihre Mäusefreunde immer eine Rutsche, Schaukel oder Windmaschine wäre. Etwas Ruhe – dachte sie – würde ihnen sicher gut tun. Mit etwas Ruhe könnten sie sehen und verstehen, was dieses Etwas wirklich ist. Während sie das dachte, rekelte sie sich auf einem weißen, fast wie Marmor aussehenden, glänzenden Stab. Den hatte sie entdeckt und sofort erkannt, dass es sich hier nur um eine Liege, einen Ruheplatz, handeln konnte. Es ist die Liege aller Liegen, es ist die Mäuseliege schlechthin, dachte sie und rekelte sich erneut, streckte ihren Bauch nach oben und ließ diesen von den Sonnenstrahlen wärmen. Dann rief sie noch, nur damit die anderen auch die Chance hätten, diese Herrlichkeit genießen zu können: „Eine Liege ist es, Ruhe ist es, Mäusefrieden ist es."

Die fünf Mäuse genossen den Tag. Sie fanden ihn einfach herrlich. Jede Maus erfreute sich an ihrer Entdeckung. Nach einiger Zeit wurden sie wieder hungrig. Sie untersuchten ihre Rucksäcke, fanden aber nichts Essbares. Sie hatten, nachdem sie vom Hügel herunter gerollt waren, wirklich alles aufgegessen. Nicht einmal mehr Krümel hatten sie übriggelassen. „Ein riesengroßes Stück Käse müssten wir jetzt haben", sagte eine Maus sehnsüchtig, und die anderen stimmten ihr eifrig zu. „Schade, dass nicht eine der Säulen aus Käse ist, dann hätten wir jetzt genug zu essen", säufzte die erste Maus wiederum. Die Sonne näherte sich schon langsam den Baumwipfeln und weil sie hungrig waren, beschlossen sie, sich auf den Heimweg zu machen.

Selten aber war der Rückweg einer Expedition so interessant. Die Mäuse redeten und redeten. Jede war voll des Lobes. Zwar konnten sie sich nicht einigen, was das Etwas, das sie entdeckt hatten, nun eigentlich sei. Eine Rutsche, eine Schaukel, ein Klettergerüst, eine große Windmaschine oder aber ein mäusegerechter Liegestuhl. Aber dies war gar nicht so wichtig. Denn einig waren sie sich, dass sie am nächsten Tag auf jeden Fall wiederkommen würden.

Als die Mäuse gegangen waren, lächelte der Elefant. Ich bin sicherlich all das, wofür mich die Mäuse halten. Mein Schwanz eignet sich hervorragend als Schaukel. Mein Rüssel ist eine tolle Rutsche. Die Ohren sind die beste Windmaschine weit und breit. Meine Füße sind gute Klettergerüste. Und das Elfenbein meiner Stoßzähne ist besonders geeignet als Ruheplatz. Aber wäre dies alles, dann wäre ich doch nichts anderes als ein „Spielefant". Der Elefant musste lachen. Das neue Wort gefiel ihm. Für jeden von euch bin ich also nur ein „Spielefant", schmunzelte er. Aber was heißt „NUR"? Das ist doch schon was. Dennoch – so dachte er- ich bin mehr als das. Schließlich bin ich ein Elefant. Wie zur Bestätigung schüttelte er seinen mächtigen Kopf. Die Ohren wedelten dabei so stark hin und her, dass ein Orkan mittlerer Stärke entstand.

Ginge es nach den Mäusen, müßte ich sicherlich von Kopf bis Fuß aus Käse bestehen. Jeder weiß doch, dass spielen hungrig macht. Wäre ich aus Käse, könnten sie Rutschen, Klettern,

Schaukeln, Fliegen und Ruhen und anschließend ein Stück Käse zu sich nehmen. Dies würd' euch ganz bestimmt gefallen, lachte der Elefant, während er sich vorstellte, wie er ganz gelb dastünde. Doch dann schlug er etwas unwillig mit seinem linken Ohr. Soweit kommt es noch – brummte er vor sich hin: Spielefant ok, aber Käsefant, das geht nun wirklich zu weit. Eigentlich war es ihm ja schon schwer gefallen, sich nicht als Elefant erkennen zu geben. Schließlich war er stolz darauf ein Elefant zu sein. (...)

Philosophicals wollen zunächst unterhalten.
Aber bei näherem Zuhören werden die philosophischen Themenstellungen erkennbar. Durch spielerische und szenische Umsetzungen werden diese Themen darüber hinaus unmittelbar erlebbar. Auf inspirierende Art und Weise wird so der Zugang zum Philosophieren eröffnet. Die kindliche Unbefangenheit im Fragen wird bewahrt und gefördert. Philosophicals bilden einen Baustein für das Praktische Philosophieren mit Kindern.

5.3 Das Meer der Besonderheiten

Beschließen wir mit Georg Christoph Lichtenberg, dem Aufklärer, der in seinen Aphorismen häufig genug Fragezeichen setzte, der mit viel Witz und Ernst Bereiche beleuchtete, die ohne ihn vielleicht im Dunkeln geblieben wären. Lichtenberg schuf keine ausgearbeitete Theorie. Berühmt wurde er durch seine Einfälle und Bemerkungen, die er in seine „Sudelbücher" notierte. Die Bezeichnung „Sudelbuch" geht auf Bücher zurück, in die Kaufleute jeden Tag ihre Ein- und Verkäufe ohne jegliche Ordnung eintrugen.[3] Mitunter bezeichnet Lichtenberg seine Notizhefte selbst als „Hudelbücher".[4]

Auf Lichtenberg haben wir uns in unseren Überlegungen an zentraler Stelle berufen, dort, wo es um die Frage nach den Fragen ging. So lag es nah, ihn zum Vorbild für eine Phantasiefigur im Rahmen von Philosophicals zu nehmen: das „Eiphosolip". Ein solches „Eiphosolip" hilft, Gedanken zu ordnen, aber – wie es sich für einen „Lichtenbergianer" gehört – nicht so, dass sie in Reih und Glied gestellt, sondern so, dass sie angeregt, vertieft, weitergedacht und -entwickelt werden. So z. B. in der folgenden Episode. Sie nimmt ihren Ausgang von einer sicherlich allen Kindern bekannten Situation. In einem „Tropfenlied" werden Regentropfen beschrieben, die an einer Fensterscheibe hinunter laufen. Der „Versuchsaufbau", der in der dem Lied folgenden Geschichte beschrieben wird, kann leicht nachgestellt werden. Im Gespräch zwischen Moritz, der zweiten Hauptfigur, einem kleinen Jungen, und dem „Eiphosolip" geht es um das Besondere und Gemeinsame, um Einzigartigkeit und Gleichheit.

(…) Ein andermal fand das Eiphosolip Moritz auf dem Boden vor lauter Gläsern, Tassen und Töpfen sitzen. Alle diese Gefäße waren mit Wasser gefüllt. „Ich suche einen Wassertropfen", sagte Moritz, während er Wasser, das er aus einem großen Topf geschöpft hat, durch seine Hände gleiten ließ. Dem Eiphosolip schien diese Suche in Ordnung zu sein. Doch wie einen Einwand vorwegnehmend, schüttelte Moritz unwillig den Kopf: „Nein, ich suche nicht irgendeinen Tropfen. Ich suche den, den ich heute morgen gesehen habe. Es war ein ganz besonders schöner Tropfen." Am Morgen – müsst ihr wissen – hatte es geregnet und Moritz saß in seinem Zimmer und langweilte sich, bis er auf die Idee kam, den Regen am Fenster zu beobachten. Dieser eine Tropfen fiel ihm ganz besonders auf, weil er ganz eigenwillig die Fensterscheibe hinunterlief: Erst lief er ein Stück nach rechts, stoppte, um dann wieder nach links herüberzulaufen, hielt erneut inne und rutschte wieder rechts weiter nach unten und so weiter. So nahm der Tropfen unbeirrt seinen Weg im Zick-Zack, bis er über den Fensterrahmen lief und aus dem Blickfeld von Moritz geriet.

Moritz wusste, dass jeder Regentropfen im Boden versickert und von dort aus wieder in Seen, Bäche, Meere oder aber auch in Wasserleitungen gelangt. Weil das nächste Meer nicht gerade um die Ecke lag, überlegte er sich, dass es vielleicht am einfachsten ist, seinen Wassertropfen zunächst in der Wasserleitung zu suchen. So kam er auf die Idee, alle Gefäße, die er finden konnte, mit Wasser zu füllen und seine Suche zu beginnen. Eben bei dieser Suche trat nun das Eiphosolip hinzu. „Ich glaube, ich kenne diesen Wassertropfen", rief es freudig. „Das ist bestimmt der Tropfen, den ich vor Jahren ganz zufällig in einer Pfütze fand, auch dieser war ganz besonders schön. Viele glauben, dass ein Wassertropfen wie jeder andere sei. Aber das stimmt nicht: Dieser z. B. sprang höher als alle anderen, wenn ich Steine in die Pfütze warf. Einmal aber sprang er so hoch, dass ich ihn aus den Augen verlor. Seitdem habe ich ihn nie wieder gesehen. Vielleicht hast du ihn ja jetzt für mich gesehen."

„Ganz bestimmt", bestätigte Moritz eifrig: „Ganz bestimmt war es der gleiche Wassertropfen." Er war froh, die Schönheit seines Wassertropfens mit jemanden teilen zu können. „Hilfst Du mir suchen?" „Natürlich", sagte das Eiphosolip, setzte sich zu Moritz auf den Boden und begann das nächststehende Glas Wasser genau zu betrachten. So verbrachten sie gemeinsam den ganzen Nachmittag, leerten bereits untersuchte Tassen und Töpfe, um sie mit neuem Wasser zu füllen und sie sogleich einer Untersuchung zu unterziehen. Zu Beginn ihrer Nachforschungen sprachen sie über ihren Wassertropfen. Jeder überbot den anderen mit neuen Schönheiten und Besonderheiten, die ihm aufgefallen waren. Doch nach und nach bemerkten sie, dass andere Wassertropfen, die sie bei ihrer Untersuchung betrachteten, ebenfalls etwas Besonderes haben.

„Hier ist z. B. ein ganz besonders kugeliger Tropfen", sagte das Eiphosolip, worauf hin Moritz lachen musste. Das Wort „kugelig" hatte er noch nie gehört. Er wusste, was eine Kugel ist. Seine Murmeln z. B. sind Kugeln. Aber dass etwas „kugelig" sein sollte. Er fand dass es sich lustig anhörte. „Oder schau hier", fuhr das Eiphosolip unbeirrt fort und hielt Moritz ein Glas, an dem ein Wassertropfen außen am Glasrand hing, unter die Nase. Es sah so aus, als ob sich dieser Tropfen dort festhält. „Ist dieser Tropfen nicht ganz besonders stark? Schau nur, er wird immer länger, hält sich aber dennoch oben am Rand fest." „Ja", bestätigte Moritz. „Er wird immer weniger kugelig." Er wollte nur so, einfach weil es ihm Spaß machte, das neue Wort ausprobieren. Auch fanden sie sehr scheue Tropfen, die, ehe sie genau betrachtet werden konnten, schon wieder weg waren. Moritz entdeckte zwei gesellige Tropfen, die direkt nebeneinander lagen, und sich an einer Stelle berührten. „Die zwei halten Händchen", sagte er. Dann gab es da noch besonders große Tropfen, aber auch ganz kleine. Einige waren so winzig, dass Moritz und das Eiphosolip sie fast übersehen hätten. Durch einige Tropfen schimmerte das Licht besonders bunt. Dann gab es Wassertropfen, die – aber alles aufzuzählen dauerte viel zu lange. In einem einzigen Glas Wasser sind so viele Tropfen, dass es sicherlich einen ganzen Tag dauerte, wollte man alle Besonderheiten aufzählen.

Schließlich sagte Moritz: „Auch jeder dieser Wassertropfen ist sicherlich ein Wassertropfen, den jemand aus den Augen verloren hat, und den irgend jemand gerne wiedersähe, weil er etwas ganz besonderes ist." „Ein Meer der Besonderheiten", nickte das Eiphosolip zustimmend. „Vielleicht hat ja jetzt, so wie wir viele Tropfen für andere gefunden haben, bereits ein anderer unseren Wassertropfen für uns gefunden." Diese Vorstellung beruhigte Moritz, wäre es doch wirklich schade, bemerkte niemand mehr sonst die Schönheit ihres Wassertropfens. Da dies aber nunmehr nicht zu befürchten war, beschlossen das Eiphosolip und Moritz gemeinsam, die Suche einzustellen. Sie räumten alle Gefäße weg. Anschließend verabschiedete Moritz das Eiphosolip und ging ins Bett. Die Erforschung der Wassertropfen hat ihn müde gemacht, und weil er mit dem Ergebnis der Nachforschung zufrieden war, konnte er auch sogleich einschlafen. Dennoch: Seit diesem Tag schaut Moritz immer noch ein wenig genauer hin, wenn er eine Pfütze, einen Bach oder einen See sieht. Man kann ja nie wissen.

6 Ein Ende als Anfang

Man kann nie wissen, wann und wo sich eine philosophiehaltige Situation im Umgang mit Kindern ergibt. Der Leser ist jetzt aber auf eine solche vorbereitet. Denn das Ende der Lesezeit bedeutet zugleich den möglichen Einstieg in das „Praktische Philosophieren mit Kindern".

Es hat sich gezeigt, dass Kinder selbstverständlich auch philosophieren, ohne gleich schon Philosophen zu sein. Aber eines darf nicht vergessen werden: Philosophieren mit Kindern kann auf Erwachsene nicht verzichten. Denn ohne Sensibilität seitens Erwachsener verlaufen alle möglichen Ansätze im Sande. Genau diese Sensibilität aber eröffnet die Chance, gemeinsam mit Kindern „Denken zu gehen".

Praktisches Philosophieren mit Kindern nimmt seinen Ausgang in der alltäglichen Lebenswelt der Kinder. Die Anlässe dazu sind in ihrer Vielfalt beschrieben worden. Darin liegt auch die Offenheit unserer Darstellung begründet. Die ausgewählten Praxisbeispiele sind in diesem Sinne als Anregungen zu verstehen, die sich einer strengen Reglementierung entziehen. Praktisches Philosophieren kann sich eben nur in der Praxis selbst bewähren.

Dabei ist deutlich geworden, dass sich Philosophieren nicht in der Darstellung und Ableitung von Theorien erschöpft. Philosophieren beschreibt immer auch eine Lebenshaltung. Diese Lebenshaltung haben wir mit dem Begriff „Fragekultur" näher gekennzeichnet.

Die Beschäftigung mit philosophischen Fragestellungen eröffnet die Möglichkeit, den Kindern ein verlässliches Orientierungswissen für ihre zukünftige Lebensgestaltung an die Hand zu geben. Auch dann – gerade dann – wenn manche Frage nicht oder nur vorschnell beantwortet werden kann.

Anmerkungen

Teil I

Kapitel 1

1 Platon: Der Staat, 539 B f. Platon wird zitiert nach: Sämtliche Dialoge, Hamburg 1988.

2 Aristoteles: Nikomachiche Ethik, VI 9, 1142 a.

3 Montaigne, Michel de: Essais; Frankfurt a. M. 1998, S. 88 f.

4 Locke, John: Gedanken über Erziehung; Ingoldstadt 1962, S. 130.

5 Ebd., S. 110.

6 Ebd., S. 58.

7 Ebd., S. 98.

8 Kant, Immanuel: Was heißt sich im Denken orientieren?; Berlin 1986, Akademie-Ausgabe Bd. 8, S.146.

9 Bloch, Ernst: Spuren, Werkausgabe Bd. 1; Frankfurt a. M. 1977, S. 62–65.

10 Ebd., S. 63 f.

11 Ariès, Philippe: Geschichte der Kindheit, München [12]1998, S. 93. Neben diesem Buch wird bei der Darstellung der historischen Verläufe auf folgende Werke zurückgegriffen: Ariès, Philippe / Duby, Georges (Hrsg.): Geschichte des privaten Lebens Bd. 1. Vom Römischen Imperium zum Byzantinischen Reich; Frankfurt a. M. 1985. Dies. (Hrsg.): Geschichte des privaten Lebens Bd. 2. Vom Feudalzeitalter zur Renaissance; Frankfurt a. M. 1990. Dies. (Hrsg.): Geschichte des privaten Lebens Bd. 3. Von der Renaissance zur Aufklärung; Frankfurt a. M. 1991.

12 Augustinus, Aurelius: Bekenntnisse; München [3]1985, S. 38. Zu Augustinus' wechselnden Anschauungen über Kinder vgl. Flasch, Kurt: Augustinus. Einführung in sein Denken; Stuttgart [2]1994.

13 Descartes, René: Abhandlung über die Methode des richtigen Vernunftgebrauchs; Stuttgart 1982, S. 14.

14 Vgl.: Bächtold-Stäubli, Hanns / Krayer-Hoffman, Eduard (Hrsg.): Handwörterbuch des deutschen Aberglaubens, Bd. IV; Berlin / Leipzig 1932 (Nachdruck Berlin; 1987), Sp. 1310 ff.

15 Die historische Zeit, in der sich so viel bis heute auswirkende Veränderun-

gen in Literaur, Philosophie, Wirtschaft und Gesellschaft anbahnten, wird von dem Historiker Reinhart Koselleck als „Sattelzeit" bezeichnet. Es ist hier nicht der Ort, die Einzelheiten, die Koselleck zu dieser Begriffsprägung führen, vorzustellen. Wichtig ist: Mitte des 18. Jahrhunderts wurden diese Veränderungen in den Sattel gesetzt und bis in unsere Gegenwart getragen.

16 Dazu ist immer noch Badinter, Elisabeth: Die Mutterliebe. Geschichte eines Gefühls vom 17. Jahrhundert bis heute; München 1984 heranzuziehen.

17 Wir beziehen uns auf folgende Ausgaben: Rousseau, Jean-Jacques: Vom Gesellschaftsvertrag; Stuttgart 1979. Ders.: Emile oder über die Erziehung; Stuttgart 1983.

18 Moritz, Karl Philipp: Anton Reiser; München 1991.

19 Ders. / Erlbruch, Wolf (Illustrationen): Neues ABC-Buch; München 2000.

20 Zur Geschichte der Entwicklungspsychologie ausführlicher Oerter, Rolf / Montada, Leo (Hrsg.): Entwicklungspsychologie; München [4]1998, S.24 ff. Im Zusammenhang mit unserem Thema bleibt die Entwicklungspsychologie der Lebensspanne, in der den Entwicklungen im Erwachsenenalter nachgespürt wird, unberücksichtigt.

21 Kesselring, Thomas: Jean Piaget; München [2]1999, S. 128 ff.

22 Wittgenstein, Ludwig: Über Gewißheit, in: Werke in acht Bänden; Frankfurt a. M. 1999, Bd. 8., S. 113–257.

23 Wittgenstein, Ludwig: Über Gewißheit, Frankfurt a.M., ebd. 366.

24 Marquard, Odo: Abschied vom Prinzipiellen; Stuttgart 1981.

25 Wittgenstein, Ludwig: Über Gewißheit, Frankfurt a.M., 160.

26 Vgl. Wagner, Peter: Soziologie der Moderne; Frankfurt a. M. / New York 1995.

27 Ley, K.: Von der Normal- zur Wahlbiographie?, in Brock, D. et al. (Hrsg.): Biographie und soziale Wirklichkeit. Neue Beiträge und Forschungsperspektiven; Stuttgart 1984, S. 239 ff.

28 Beck, Ulrich / Beck-Gernsheim, Elisabeth: Nicht Autonomie, sondern Bastelbiographie. Anmerkungen zur Individualisierungsdiskussion am Beispiel des Aufsatzes von Günter Burkart, in: Zeitschrift für Soziologie, Jg. 22, 1993, S. 178 ff.

29 Ebd., S. 182.

30 Vgl. hierzu Roussel, Louis: Die soziologische Bedeutung der demographischen Erschütterung in den Industrieländern der letzten zwanzig Jahre, in: Lüscher, Kurt (Hrsg.): Die „postmoderne" Familie: familiale Strategien und Familienpolitik in einer Übergangszeit; Konstanz [2]1990, S. 39–54.

31 Fischer, Arndt / Meister, Dorothee: Die Frage nach der Werbewirkung. Kinder im Umfeld von Medien und Werbung, in: Medien und Erziehung, 39. Jg., Nr. 3, Juni 1995, S. 139–144.

32 Postman, Neil: Das Verschwinden der Kindheit; Frankfurt a. M. 1985.

Kapitel 2

1 Hegel, G. W. F.: Phänomenologie des Geistes; Frankfurt a. M. 1986, Werke Bd. 3, S. 56.

2 Die unterschiedlichen Bezeichnungsmöglichkeiten sind in etwas vereinfachter Form Martens, Ekkehard: Kinderphilosophie – oder: Ist Motivation zum Philosophieren ein Scheinproblem?, in: ZDP 80/2, S 80–84 entlehnt.

3 Jaspers, Karl: Einführung in die Philosophie; München 1953, S. 11 f.

4 Nora K. /Vittorio Hösle: Das Café der toten Philosophen. Ein philosophischer Briefwechsel für Kinder und Erwachsene; München 1997.

5 Gaarder, Jostein: Sofies Welt; München ²1993.

6 Zu diesen Mutmaßungen vgl. Wolf, Astrid Juliane: Kann man Philosophie Kindern nahe bringen? Eine Untersuchung am Beispiel von „Sofies Welt" von Jostein Gaarder. Kölner Arbeitspapiere zur Bibliotheks- und Informationswissenschaft Band 18; Köln 1999. Wolfs Überlegungen zum Leseverhalten liegt eine von ihr durchgeführte empirische Erhebung unter Schülern und Schülerinnen der 10. Klasse an verschiedenen Schulformen zugrunde.

7 Wir folgen in dieser Wahl Martens, Ekkehard: Philosophieren mit Kindern. Eine Einführung in die Philosophie; Stuttgart 1999, S. 26. Im weiteren Verlauf werden wir die Bezeichnung „Kinderphilosophie" wegen der besseren Lesbarkeit an einigen Stellen gleichbedeutend mit „Philosophieren mit Kindern" weiter verwenden. „Philosophieren mit Kindern" benutzen wir als stehenden Begriff in dem hier eingeführten Sinn.

8 Kant, Immanuel: Kritik der reinen Vernunft; Berlin ²1968, Akademie-Ausgabe Bd. 3, S. 541 f.

9 Die Unterscheidung sowie die Bezeichnung der ersten beiden Ansätze ist aus Engelhardt, Stephan: Modelle und Perspektiven der Kinderphilosophie; Heinsberg 1997 entlehnt.

10 Nohl, Hermann: Philosophie in der Schule, in: Ders.: Pädagogik aus dreißig Jahren; Frankfurt 1949, S. 75–85. Bei Nohl findet sich wohl der erste curriculare Entwurf für das Philosophieren mit Kindern in der Schule, vgl. hierzu: Popp, Walter: Neugier, produktive Verwirrung und Nachdenklichkeit; in: Martens, Ekkehard / Schreier, Helmut (Hrsg.): Philosophieren mit Schulkindern; Heinsberg 1994, S. 47–60, S. 50 ff.

11 Zu diesem Beispiel vgl. ausführlich Martens, Ekkehard: Philosophieren mit Kindern; Stuttgart 1999, S. 59 ff.

12 Lipman, Matthew: Über den philosophischen Stil von Kindern, in: Zeitschrift für Didaktik der Philosophie 1/84, S. 3–11. Zitiert nach Martens, Ekkehard / Schreier, Helmut (Hrsg.): Philosophieren mit Schulkindern; Heinsberg 1994, S. 108–122.

13 Kritik der reinen Vernunft, a.a.O. S. 522. Kant formulierte als vierte Frage:

Was ist der Mensch? Diese Frage fasst gewissermaßen die ersten drei Fragestellungen zusammen.

14 Zitiert nach Monk, Ray: Wittgenstein. Das Handwerk des Genies; Stuttgart ³1993, S. 448 f.

15 Vgl. zu dieser Kritik Martens, Ekkehard: Philosophieren mit Kindern; Stuttgart 1999, S. 82.

16 Lipman 1984; a.a.O., S. 120.

17 Vgl. Meier, Christian: Athen. Ein Neubeginn der Weltgeschichte; Berlin 1993, S. 478 ff.

18 Böhme, Gernot: Der Typ Sokrates; Frankfurt am Main 1992, S. 133.

19 Gadamer, Hans-Georg: Platos dialektische Ethik; Hamburg ³1983, S. 40.

20 Eine eingehende Untersuchung zum Rechtfertigungsgedanken in der Philosophie Platons bietet Pfafferott, Gerhard: Politik und Dialektik am Beispiel Platons. Methodische Rechenschaftsleistung und latentes Rechenschaftsdenken im Aufbau der „Poleiteia"; Kastellaun 1976.

21 Platon: Phaidon; a.a.O. Bd. 2.

22 Platon: ebd., 76 bf.

23 Platon: Theätet, Hamburg 1988, 150 by–150d!

24 Für die Kinderphilosophie fruchtbar machte sie dann der Philosoph Detlef Horster (geb. 1942), ein Schüler Gustav Heckmanns (1898–1996), der seinerseits wiederum Schüler von Nelson war.

25 Kant, Immanuel: Über Pädagogik; Berlin 1986, Akademie-Ausgabe Bd. 9, S. 477.

26 Bodenheimer, Aron Ronald: Warum? Von der Obszönität des Fragens; Stuttgart 1984, S. 27.

27 Adams, Douglas: Per Anhalter durch die Galaxis; Frankfurt a. M. / Berlin 1988.

28 Matthews, Gareth B.: Philosophische Ideen jüngerer Kinder; Berlin 1991, S. 37.

29 Adams, Douglas: Mach's gut, und danke für den Fisch; Frankfurt a. M. / Berlin 1988, S. 143.

30 Kant, Immanuel: Kritik der Urteilskraft, § 54; Berlin 1986, Akademie-Ausgabe Bd. 5.

31 Schiller, Friedrich: Über Naive und sentimentalische Dichtung, in: Göpfert, H.G. (Hrsg.): Werke in drei Bänden; München 1984, Bd. 2, S. 544 (Hervorhebung im Original).

32 Ebd., S. 543.

33 Freese, Hans-Ludwig: Kinder sind Philosophen; Weinheim / Berlin ⁶1996.

34 Matthews, Gareth B.: Die Philosophie der Kindheit. Wenn Kinder weiter denken als Erwachsene; Weinheim / Berlin 1995, S. 26.

35 So der Titel eines Buches von Matthews: Denkproben. Philosophische Ideen
jüngerer Kinder; Berlin 1991.

36 Vgl. hierzu Casati, Roberto: Die Entdeckung des Schattens. Die faszinierende Karriere einer rätselhaften Erscheinung; Berlin 2001.

37 Wells, H. G.: Der Zauberladen, in: Ders.: Das Tal der Spinnen. Erzählungen;
München 1997, S. 22–39.

38 Piaget, Jean: Das Weltbild des Kindes; München [5]1997, S. 27 f.

39 Matthews 1991; a.a.O., S. 56.

40 Diese scientifistische Ausrichtung stellt Matthews anhand der berühmten
Experimente von Piaget und Inhelder zur Erhaltung von Gewicht und Vo-
lumen bei Verformung ausführlicher dar. Vgl. Matthews 1995; a.a.O.,
S. 68 ff.

41 Auch in den Naturwissenschaften hat sich der Fortschrittsbegriff als problematisch erwiesen. Dies gilt sowohl für den Gang der Naturwissenschaften
selbst als auch für die Gegenüberstellung ihres wissenschaftlichen Erkennt-
nismodells im Vergleich zu anderen nichtwissenschaftlichen Modellen. Vgl.
hierzu Kuhn, Thomas S.: Die Struktur wissenschaftlicher Revolutionen;
Frankfurt am Main 1986; Feyerabend, Paul: Wider den Methodenzwang;
Frankfurt am Main 1981; Sokal, Alan / Bricmont, Jean: Eleganter Unsinn.
Wie die Denker der Postmoderne die Wissenschaften mißbrauchen; München 2001.

42 Matthews' Überlegungen werden inzwischen auch als Anregung in der Psychologie herangezogen, um kindliches Denken auch inhaltlich in seinem Eigenwert zu betrachten. Kindliches Denken wird von Matthews nicht als ein
Schritt hin zu einem einseitig naturwissenschaftlich-technisch ausgerichte-
ten „Erwachsenendenken" beschrieben. Vgl. Billmann-Mahecha, Elfriede:
Argumente für eine verstehende Kinderpsychologie aus kulturpsychologischer Sicht, in: Martens, Ekkehard / Schreier, Helmut (Hrsg.): Philosophieren mit Schulkindern; Heinsberg 1994, S. 150–158.

43 Dieser Begriff des Verstehens fußt auf Gadamer, Hans-Georg: Wahrheit und
Methode; Tübingen [4]1975.

44 Pfafferott, Gerhard: Ethik und Hermeneutik. Mensch und Moral im Gefüge
der Lebensform; Königstein/Ts. 1981, S. 247.

45 Einen Überblick über die verschiedenen Ausformungen Philosophischer
Praxis liefert Patrick Neubauer: Schicksal und Charakter. Lebensberatung
in der ‚Philosophischen Praxis'; Hamburg 2000.

46 Die Philosophische Praxis verfolgt kein Heilungskonzept. Sie ist insofern
nicht mit psychologisch-therapeutischen Ansätzen zu verwechseln. Die modernen Ursprünge psychologischer Begriffe aus der Philosophie und deren
Verwandlung im Rahmen der Psychologie beleuchtet Odo Marquard in seinem Buch: Transzendentaler Idealismus, Romantische Naturphilosophie,

Psychoanalyse. Schriftenreihe zur Philosophischen Praxis Band 3; Köln 1987.

47 Den Begriff „beratende Argumentation" übernehmen wir von Franz Josef Wetz, der ihn durchgängig in seiner Schrift: Lebenswelt und Weltall. Hermeneutik der unabweislichen Fragen; Stuttgart 1994 verwendet.

48 Benjamin, Walter: Das Passagen-Werk; Gesammelte Schriften Bd. V-I und V-II; Frankfurt a. M. 1983.

49 Benjamin, Walter: Gesammelte Schriften Bd. VII-1; Frankfurt a. M. 1991, S. 318.

50 Siegfried Kracauer, zitiert nach Karsten Witte: Nachwort, in: Kracauer, Siegfried: Das Ornament der Masse; Frankfurt a. M. [6]1994.

51 Benjamin, Walter: Gesammelte Schriften Bd. VII-1; a.a.O., S. 149.

52 Hierzu vgl. Engelhart, Stephan: Modelle und Perspektiven der Kinderphilosophie; Heinsberg 1997, S. 146.

53 Martens, a.a.O. 1999, S. 190.

54 1786 erschien Kants kleine Schrift: „Was heißt: sich im Denken orientiren?"

Kapitel 3

1 Kant: Kritik der reinen Vernunft, Berlin [2]1968, Akademie-Ausgabe, Bd. 3, S. 541 f.

2 Horster, Detlef: Philosophieren mit Kindern; Opladen 1992, S. 12.

3 In Luhmann, Niklas / Spaemann, Robert: Paradigm lost: Über die ethische Reflexion der Moral. Rede anlässlich der Verleihung des Hegel-Preises 1989; Laudatio von Robert Spaemann; Frankfurt am Main 1990, S. 53.

4 Es muss der Vollständigkeit halber darauf hingewiesen werden, dass es nicht in jedem Fall sinnvoll sein kann, unter Umgehung von Erfahrung von vorne zu beginnen. Der Kinderphilosophie auf der einen Seite steht gewissermaßen die „Seniorenphilosophie" auf der anderen Seite gegenüber. Es ist von einigem Interesse zu sehen, dass – sollte der Versuch unternommen werden, eine solche Disziplin zu etablieren – sicher ähnliche Schwierigkeiten des Hörens und Gehörtwerdens wie im Falle der Kinderphilosophie zu überwinden wären. Sowohl Naivität als auch Erfahrung sind derzeit in unserer Gesellschaft unterbewertet.

5 Platon: Theätet 155d, a.a.O. Bd. 4; Aristoteles: Metaphysik; Stuttgart 1980, 982b 10 ff.

6 Heidegger, Martin: Sein und Zeit; Tübingen [15]1979, S. 127.

7 Matthews 1995, a.a.O., S. 13.

8 Gestützt wird seine Beobachtung durch die Ergebnisse einer empirischen Studie, die zeigen, dass in der Schule ein großes Fragepotential der Kinder im Unterricht ungenutzt bleibt (Ritz-Fröhlich, Gertrud: Kinderfragen im Unter-

richt; Bad Heilbrunn / Obb 1992). Es handelt sich um eine empirische Studie über das Frageverhalten von Kindern. Die Ergebnisse basieren auf der Befragung von bundesweit 71 Lehrern (schriftlicher Fragebogen) und deren Klassen (Aufforderung an die Schüler, sie interessierende Fragen in schriftlicher Form in zuvor aufgestellte Fragekästen einzuwerfen). Aufgrund der schwierigen Kategorisierung der Kinderfragen nach Fragetypen sind die Ergebnisse mit Vorbehalt zu betrachten, liefern aber dennoch interessante Hinweise für die Kinderphilosophie (vgl. hierzu Engelhart a.a.O. 1997, S. 170 ff.).

9 Carroll, Lewis.: Alice hinter den Spiegeln; Frankfurt a. M. 1975, S. 38f.

10 Vgl. hierzu die Berichte von Daurer, Doris: Staunen, Zweifeln, Betroffensein. Mit Kindern Philosophieren; Weinheim / Basel 1999, S. 67.

11 Gaarder, Jostein: Hallo, ist da jemand?; München 1996.

12 Ebd., S. 22.

13 Lichtenberg, Georg Christoph: Schriften und Briefe. Herausgeben von Wolfgang Promies; München 1971, J 1965.

14 Ebd., K 303.

15 Ebd., H 50.

16 Platon: Theätet, Hamburg 1998, 174a.

17 Aristoteles: Politik A11, 1259 a 9–18. Über das Lachen der thrakischen Magd vgl. Blumenberg, Hans: Das Lachen der Thrakerin; Frankfurt am Main 1987.

18 Zur Entwicklung der Öffentlichkeit zum Forum der Gesellschaft vgl. Koselleck, Reinhart: Kritik und Krise; Frankfurt am Main [5]1985, S. 41 ff. Und Habermas, Jürgen: Strukturwandel der Öffentlichkeit. Untersuchungen zu einer Kategorie der bürgerlichen Gesellschaft; Frankfurt a. M. 1990.

19 Kant, Immanuel: Beantwortung der Frage: Was ist Aufklärung? (1783), in: Akademie-Ausgabe Bd. 8; Berlin 1968, S. 33–42.

20 „Orientierungswissen hat viel mit Urteilskraft zu tun, so dass es sich einer Kodifizierung in Lehrbüchern weitgehend entzieht", Fellmann, Ferdinand: Die Angst des Ethiklehrers vor der Klasse. Ist Moral lehrbar?; Stuttgart 2000, S. 18. Vgl. dazu unsere Ausführungen .zu den aufklärerischen Ansätzen.

21 Vgl. hierzu Wetz, Franz Josef: Die Kunst der Resignation; Stuttgart 2000, S. 17 ff.

22 Vgl. Melchers, Markus: Praxis, http://www.Sinn-auf-Raedern.de.

23 Daurer, Doris stellt – in ihrem Buch Staunen, Zweifeln, Betroffensein. Mit Kindern philosophieren, Weinheim / Basel 1999 – mit dem Werkzeugkasten für schlaue Denker eine interessante Form der Vermittlung von Argumentationsregeln vor.

24 Wir schließen hier an die Diskursethik an, die Gerechtigkeit, Fairness und

Reziprozität als ethische Grundforderungen aus der (idealen) Gesprächssituation ableitet.

25 Es ist das Verdienst von Daurer a.a.O. 1999, S. 50 dieser theoretisch unum-
strittenen Grundregel explizit hinzugefügt zu haben, dass keiner etwas sagen
muss.

26 Vgl. Schnädelbach, Herbert: Zum Verhältnis von Diskurswandel und Paradigmenwechsel in der Geschichte der Philosophie, in: ders.: Zur Rehabilitierung des animal rationale. Vorträge und Abhandlungen 2; Frankfurt a. M.
1992, S. 387–411.

27 Weiter unterscheidet Schnädelbach zwischen metaphysischem und kriti-
schem Philosophieren. Wir haben für unseren Zusammenhang die Bezeichnungen „geschlossen" und „offen" gewählt, um den Prozesscharakter des
Philosophierens näher zu bestimmen. Von der wahrheitstheoretischen
Problemstellung, die der Unterscheidung von Schnädelbach zu Grunde
liegt, können wir in unserem Zusammenhang absehen.

28 Pfaferott, Gerhard: Politik und Dialektik am Beispiel Platons; Kastellaun
1976, S. 121.

Teil II

Kapitel 1

1 Lichtenberg, Georg Christoph: Schriften und Briefe. Herausgegeben von
Wolfgang Promies; München 1971, J1234.

2 Zu diesem Beispiel Casati a.a.O., S. 87.

3 Reed, Ronald: Kinder möchten mit uns Sprechen; Hamburg 1990, S. 18.

Kapitel 2

1 Zu diesem Aspekt vgl. Brüning, Barbara: Philosophieren mit sechs- bis achtjährigen Kindern in der außerschulischen Erziehung – Überlegungen zu
einem handlungsorientierten Ansatz unter Berücksichtigung praktischer Erfahrung; Hamburg 1985 (Dissertation) sowie Patzig, Günther: Bemerkungen
zur Philosophie der Oberstufe des Gymnasiums, in: ZDP 80/3.

2 Dies ist der Effekt, der sich einstellt, wenn man sich zwischen zwei oder mehrere Spiegel begibt. Eine interessante wenn auch sehr skurrileTheorie zu diesem Phänomen findet sich in O'Brien, Flann: Der dritte Polizist; Frankfurt a.
M. [2]1991, S. 84 f. Dort finden Sie auch eine Versuchsanordnung, deren Nach-
bau wir Ihnen mit Ihren Kindern empfehlen.

Kapitel 3

1 Diogenes Laertius I, a. a. O., S. 314.
2 Siehe z. B. Ekkehard Martens a.a.O. 1999, S. 33 ff.
3 Steinbeck, John: Die Straße der Ölsardinen; München 1986, S. 31f. Diese kleine Episode findet eine interessante Fortsetzung in Steinbecks Roman: Wonniger Donnerstag; München 1987, S. 14.

Kapitel 4

1 Köhler, Bernd / Schreier, Helmut: Philosophie in der Grundschule, in: Martens, Ekkehard / Schreier, Helmut (Hrsg.): Philosophieren mit Schulkindern; Heinsberg, S. 170–181, S. 175.
2 Zu diesen Methoden, mit konkreten Beispielen vgl. Zoller, Eva: Die kleinen Philosophen. Vom Umgang mit „schwierigen" Kinderfragen; Freiburg / Basel / Wien 1995.
3 Michel-Andino, Andreas: Philosophie des Zauberns. Ein Essay über das Staunen; Hamburg 1994, S. 79.

Kapitel 5

1 Alle Philosophicals sind als CD/MC erschienen bei: Schreikönig. Verlag für philosophische Kinderlieder und -geschichten Bonn, Uelsen, www.schreikoenig.de.
2 Young, Ed: 7 blinde Mäuse; Berlin / München 1995.
3 Lichtenberg, a.a.O., E 46.
4 Ebd., E 386.

Literaturverzeichnis

Adams, Douglas: Per Anhalter durch die Galaxis; Frankfurt a. M. / Berlin 1988

Ders.: Mach's gut, und danke für den Fisch; Frankfurt a. M. / Berlin 1988

Ariès, Philippe: Geschichte der Kindheit; München [12]1998

Ariès, Philippe / Duby, Georges (Hrsg.): Geschichte des privaten Lebens Bd. 1. Vom Römischen Imperium zum Byzantinischen Reich; Frankfurt a. M. 1985

Dies. (Hrsg.): Geschichte des privaten Lebens Bd. 2. Vom Feudalzeitalter zur Renaissance; Frankfurt a. M. 1990

Dies. (Hrsg.): Geschichte des privaten Lebens Bd. 3. Von der Renaissance zur Aufklärung; Frankfurt a. M. 1991

Aristoteles: Nikomachische Ethik; Stuttgart 1980

Ders.: Politik; München [6]1986

Augustinus, Aurelius: Bekenntnisse; München [3]1985

Badinter, Elisabeth: Die Mutterliebe. Geschichte eines Gefühls vom 17. Jahrhundert bis heute; München 1984

Bächtold-Stäubli, Hanns / Krayer-Hoffman, Eduard (Hrsg.): Handwörterbuch des deutschen Aberglaubens, Bd. IV; Berlin / Leipzig 1932 (Nachdruck Berlin; 1987)

Beck, Ulrich / Beck-Gernsheim, Elisabeth: Nicht Autonomie, sondern Bastelbiographie. Anmerkungen zur Individualisierungsdiskussion am Beispiel des Aufsatzes von Günter Burkart; in: Zeitschrift für Soziologie, Jg. 22, 1993, S. 178 ff.

Benjamin, Walter: Das Passagen-Werk; Gesammelte Schriften Bd. V–I, V-II; Frankfurt a. M. 1983

Ders.: Gesammelte Schriften Bd. VII-1; Frankfurt a. M. 1991

Billmann-Mahecha, Elfriede: Argumente für eine verstehende Kinderpsychologie aus kulturpsychologischer Sicht, in: Martens, Ekkehard /

Schreier, Helmut (Hrsg.): Philosophieren mit Schulkindern; Heinsberg 1994, S. 150–158

Bloch, Ernst: Spuren, Werkausgabe Bd. 1; Frankfurt a. M. 1977

Ders.: Tübinger Einleitung in die Philosophie, Werkausgabe Bd. 13; Frankfurt a. M. 1977

Blumenberg, Hans: Das Lachen der Thrakerin; Frankfurt am Main 1987

Bodenheimer, Aron Ronald: Warum? Von der Obszönität des Fragens; Stuttgart 1984

Böhme, Gernot: Der Typ Sokrates; Frankfurt am Main 1992

Brüning, Barbara: Philosophieren mit sechs- bis achtjährigen Kindern in der außerschulischen Erziehung – Überlegungen zu einem handlungsorientierten Ansatz unter Berücksichtigung praktischer Erfahrung; Hamburg 1985

Carroll, Lewis: Alice im Wunderland; Frankfurt a. M. [11]1986

Ders.: Alice hinter den Spiegeln; Frankfurt a. M. 1975

Casati, Roberto: Die Entdeckung des Schattens. Die faszinierende Karriere einer rätselhaften Erscheinung; Berlin 2001

Daurer, Doris: Staunen, Zweifeln, Betroffensein. Mit Kindern Philosophieren; Weinheim / Basel 1999

Descartes, René: Abhandlung über die Methode des richtigen Vernunftgebrauchs; Stuttgart 1982

Diogenes Laertius: Leben und Meinungen berühmter Philosophen; Hamburg 1998

Engelhardt, Stephan: Modelle und Perspektiven der Kinderphilosophie; Heinsberg 1997

Fellmann, Ferdinand: Die Angst des Ethiklehrers vor der Klasse. Ist Moral lehrbar?; Stuttgart 2000

Feyerabend, Paul: Wider den Methodenzwang; Frankfurt am Main 1981

Fischer, Arndt / Meister, Dorothee: Die Frage nach der Werbewirkung. Kinder im Umfeld von Medien und Werbung, in: Medien und Erziehung, 39. Jg., Nr. 3, Juni 1995, S. 139–144

Freese, Hans-Ludwig: Kinder sind Philosophen; Weinheim / Berlin [6]1996

Gaarder, Jostein: Sofies Welt; München [2]1993

Ders.: Hallo, ist da jemand?; München 1996

Gadamer, Hans-Georg: Platos dialektische Ethik; Hamburg [3]1983

Ders.: Wahrheit und Methode; Tübingen [4]1975

Habermas, Jürgen: Strukturwandel der Öffentlichkeit. Untersuchungen zu einer Kategorie der bürgerlichen Gesellschaft; Frankfurt a. M. 1990

Hegel, G. W. F.: Phänomenologie des Geistes; Frankfurt a. M. 1986, Werke Bd. 3.

Heidegger, Martin: Sein und Zeit; Tübingen [15]1979

Horster, Detlef: Philosophieren mit Kindern; Opladen 1992

Jaspers, Karl: Einführung in die Philosophie; München 1953

Kant, Immanuel: Kritik der reinen Vernunft (2. Auflage); Berlin 1968, Akademie-Ausgabe Bd. 3

Ders.: Kritik der Urteilskraft; Berlin 1986, Akademie-Ausgabe Bd. 5, S. 165–486

Ders.: Beantwortung der Frage: Was ist Aufklärung?; Berlin 1968, Akademie-Ausgabe Bd. 8, S. 33–42

Ders.: Was heißt: sich im Denken orientiren?; Berlin 1986, Akademie-Ausgabe Bd. 8, S. 131–148

Ders.: Über Pädagogik; Berlin 1986, Akademie-Ausgabe Bd. 9; S. 437–500

Kesselring, Thomas: Jean Piaget; München [2]1999

Köhler, Bernd / Schreier, Helmut: Philosophie in der Grundschule, in: Martens, Ekkehard / Schreier, Helmut (Hrsg.): Philosophieren mit Schulkindern; Heinsberg, S. 170–181, S. 175

Koselleck, Reinhart: Kritik und Krise. Eine Studie zur Pathogenese der bürgerlichen Welt; Frankfurt am Main [5]1985

Kracauer, Siegfried: Das Ornament der Masse; Frankfurt a. M. [6]1994

Kuhn, Thomas S.: Die Struktur wissenschaftlicher Revolutionen; Frankfurt a. M. 1986

Ley, K.: Von der Normal- zur Wahlbiographie?, in: Brock, D. et al. (Hrsg.): Biographie und soziale Wirklichkeit. Neue Beiträge und Forschungsperspektiven; Stuttgart 1984, S. 239 ff.

Lichtenberg, Georg Christoph: Schriften und Briefe. Herausgegeben von Wolfgang Promies; München 1971

Lipman, Matthew: Über den philosophischen Stil von Kindern, in: Zeitschrift für Didaktik der Philosophie 1/84, in: Martens, Ekkehard / Schreier, Helmut (Hrsg.): Philosophieren mit Schulkindern; Heinsberg 1994, S. 108–122

Locke, John: Gedanken über Erziehung; Ingoldstadt 1962

Marquard, Odo: Abschied vom Prinzipiellen; Stuttgart 1981

Ders.: Transzendentaler Idealismus, Romantische Naturphilosophie, Psychoanalyse. Schriftenreihe zur Philosophischen Praxis Band 3; Köln 1987

Martens, Ekkehard: Kinderphilosophie – oder: Ist Motivation zum Philosophieren ein Scheinproblem?, in: ZDP 80/2, S 80–84

Martens, Ekkehard / Schreier, Helmut (Hrsg.): Philosophieren mit Schulkindern; Heinsberg 1994

Ders.: Philosophieren mit Kindern. Eine Einführung in die Philosophie; Stuttgart 1999

Matthews, Gareth B.: Philosophische Ideen jüngerer Kinder; Berlin 1991

Ders.: Denkproben. Philosophische Ideen jüngerer Kinder; Berlin 1991

Ders.: Die Philosophie der Kindheit. Wenn Kinder weiter denken als Erwachsene; Weinheim / Berlin 1995

Meier, Christian: Athen. Ein Neubeginn der Weltgeschichte; Berlin 1993

Melchers, Markus: Praxis, http://www.Sinn-auf-Raedern.de

Michel-Andino, Andreas: Philosophie des Zauberns. Ein Essay über das Staunen; Hamburg 1994

Monk, Ray: Wittgenstein. Das Handwerk des Genies; Stuttgart [3]1993

Montaigne, Michel de: Essais; Frankfurt a. M. 1998

Moritz, Karl Philipp: Anton Reiser; München 1991

Ders. / Erlbruch, Wolf (Illustrationen): Neues ABC-Buch, München 2000

Neubauer, Patrick: Schicksal und Charakter. Lebensberatung in der ‚Philosophischen Praxis‘; Hamburg 2000

Nohl, Hermann: Philosophie in der Schule, in: Ders.: Pädagogik aus dreißig Jahren; Frankfurt 1949

Nora K. / Vittorio Hösle: Das Café der toten Philosophen. Ein philosophischer Briefwechsel für Kinder und Erwachsene; München 1997

O'Brien, Flann: Der dritte Polizist; Frankfurt a. M. [2]1991

Oerter, Rolf / Montada, Leo (Hrsg.): Entwicklungspsychologie; München [4]1998

Patzig, Günther: Bemerkungen zur Philosophie der Oberstufe des Gymnasiums, in: ZDP 80/3

Pfafferott, Gerhard: Politik und Dialektik am Beispiel Platons. Metodische Rechenschaftsleistung und latentes Rechenschaftsdenken im Aufbau der „Poleiteia"; Kastellaun 1976

Ders.: Ethik und Hermeneutik. Mensch und Moral im Gefüge der Lebensform; Königstein/Ts. 1981

Piaget, Jean: Das Weltbild des Kindes; München ^{5}1997

Platon: Die Apologie des Sokrates Bd. 1, in: Sämtliche Dialoge. Hamburg 1988

Ders.: Menon, ebd. Bd. 2

Ders.: Phaidon, ebd. Bd. 2

Ders.: Theätet, ebd. Bd. 4

Ders.: Politeia, ebd. Bd. 5

Popp, Walter: Neugier, produktive Verwirrung und Nachdenklichkeit, in: Martens, Ekkehard / Schreier, Helmut (Hrsg.): Philosophieren mit Schulkindern; Heinsberg 1994, S. 47–60

Reed, Ronald: Kinder möchten mit uns Sprechen; Hamburg 1990

Ritz-Fröhlich, Gertrud: Kinderfragen im Unterricht; Bad Heilbrunn / Obb 1992

Rousseau, Jean-Jacques: Vom Gesellschaftsvertrag; Stuttgart 1979

Ders.: Emile oder über die Erziehung; Stuttgart 1983

Schiller, Friedrich: Über Naive und sentimentalische Dichtung, in: Werke in drei Bänden; München 1984, Bd. 2, S. 540–606

Schnädelbach, Herbert: Zum Verhältnis von Diskurswandel und Paradigmenwechsel in der Geschichte der Philosophie, in: Ders.: Zur Rehabilitierung des animal rationale. Vorträge und Abhandlungen 2; Frankfurt a. M. 1992, S. 387–411

Sokal, Alan / Bricmont, Jean: Eleganter Unsinn. Wie die Denker der Postmoderne die Wissenschaften mißbrauchen; München 2001

Spaemann, Robert: Niklas Luhmanns Herausforderung der Philosophie, in: Luhmann, Niklas / Spaemann, Robert: Paradigm lost: Über die ethische Reflexion der Moral. Rede anläßlich der Verleihung des Hegel-Preises 1989; Frankfurt a. M. 1990, S. 49–73

Steinbeck, John: Die Straße der Ölsardinen; München 1986

Ders.: Wonniger Donnerstag; München 1987

Wagner, Peter: Soziologie der Moderne; Frankfurt a. M. / New York 1995

Wells, H. G.: Der Zauberladen, in: Ders.: Das Tal der Spinnen. Erzählungen; München 1997, S. 22–39

Wetz, Franz Josef: Lebenswelt und Weltall. Hermeneutik der unabweislichen Fragen; Stuttgart 1994

Ders.: Die Kunst der Resignation; Stuttgart 2000

Wittgenstein, Ludwig: Über Gewißheit, in: Werke in acht Bänden; Frankfurt a. M. 1999, Bd. 8. 113–257

Wolf, Astrid Juliane: Kann man Philosophie Kindern nahe bringen? Eine Untersuchung am Beispiel von „Sofies Welt" von Jostein Gaarder. Kölner Arbeitspapiere zur Bibliotheks- und Informationswissenschaft Band 18; Köln 1999

Young, Ed: 7 blinde Mäuse; Berlin / München 1995

Zoller, Eva: Die kleinen Philosophen. Vom Umgang mit „schwierigen" Kinderfragen; Freiburg / Basel / Wien [4]1995

Die Philosophicals sind entnommen aus den Tonträgern:

– Schreikönig. Oder Wie kommen die Fragen in den Wald; Bonn / Uelsen 1999

– Die Mäuseexpedition; Bonn / Uelsen 2001

– Moritz und das Eiphosolip; Bonn / Uelsen 2001

Alle drei Philosophicals erscheinen im Schreikönig. Verlag für philosophische Kinderlieder und -geschichten; Bonn / Uelsen.